Rudolf Steiner Taschenbücher aus dem Gesamtwerk

Rudolf Steiner

Staatspolitik und Menschheitspolitik

Aufsätze über die Dreigliederung des sozialen Organismus
1919–1921

RUDOLF STEINER VERLAG
DORNACH/SCHWEIZ

Herausgegeben von der Rudolf Steiner-Nachlaßverwaltung
Die Herausgabe besorgten R. Friedenthal und W. Kugler

Teilausgabe aus dem Band der Rudolf Steiner Gesamtausgabe:
«Aufsätze über die Dreigliederung des sozialen Organismus
und zur Zeitlage 1915–1921»
(Bibliographie-Nr. 24, ISBN 3-7274-0240-7)
2. Auflage, Dornach 1982

Taschenbuchausgabe
1.–20. Tsd. Stuttgart 1962
unter dem Titel «Zur Dreigliederung
des sozialen Organismus.
Gesammelte Aufsätze 1919–1921»
21.–26. Tsd. Dornach 1988

Bestell-Nr. tb 6670

Zeichen auf dem Umschlag und Titelseite von Rudolf Steiner

Printed in Germany by Clausen & Bosse, Leck

ISBN 3-7274-6670-7

ZU DIESER AUSGABE

«Sieht man genauer auf den Gang der Ereignisse hin, so wird man finden können, daß die Anschauungen über den Staat, die man heute geltend machen will, nirgends mit den Gesamtvorstellungen der Menschheit zusammenfallen.» Wenn auch diese Bestandsaufnahme Rudolf Steiners in jene Zeit fällt, in der Europa durch die Ereignisse des ersten Weltkrieges an einem Nullpunkt angekommen war, so hat sie bis heute an Aktualität nichts eingebüßt. Nach wie vor wird der Lauf der Dinge auf der gesellschaftlich-politischen Bühne geprägt von dem Widerspruch zwischen den Zeiterfordernissen einerseits und ihrer zielgerichteten Bewältigung andererseits. Nach wie vor hat man es mit verkrusteten, erstarrten Instrumentarien monolithischer Einheitsstaatsgebilde zu tun, mittels derer das Schicksal der Menschen, der Erde verwaltet wird.

Angesichts der sich um das Jahr 1917 deutlich abzeichnenden verheerenden Folgen bisheriger Machtausübung, die ein gründliches Umdenken nicht nur nahelegten, sondern geradezu herausforderten, trat Rudolf Steiner auf Bitten einiger Regierungskreisen nahestehenden Persönlichkeiten mit Vorschlägen zur Neugestaltung des sozialen und politischen Lebens in Form von zwei «Memoranden» an die Öffentlichkeit (enthalten in Band 24 der Gesamtausgabe). Im Frühjahr 1919 wandte er sich mit einem in vielen Tageszeitungen veröffentlichten und von zahlreichen namhaften Persönlichkeiten des kulturellen Lebens unterzeichneten Aufruf «An das Deutsche Volk und an die Kulturwelt» (ebenfalls in GA 24). Wenige Wochen später erschien seine grundlegende Schrift «Die Kernpunkte der sozialen Frage» (Gesamtausgabe Band 23), in der er dem traditionellen nationalen Einheitsstaat eine gründliche Absage erteilt und an dessen Stelle ein Gefüge gesellschaftlicher Tätigkeitsbereiche setzt, wovon jeder sich seine Verwaltungsorgane und Ordnungsprinzipien selbst gibt. So gliedert er das gesellschaftlich-soziale Leben in drei Funktionsbereiche: in ein sich selbst verwaltendes Geistesleben, in ein das Konkurrenzprinzip überwindendes assoziatives Wirtschaftsleben und in ein dem Gleichheits- und Demokratieprinzip verpflichtetes Rechtsleben.

Wie diese «Dreigliederung des sozialen Organismus» nun im einzelnen zu denken und zu gestalten ist, ist Gegenstand der in diesem Band vereinigten Aufsätze, die ursprünglich in verschiedenen Zeitungen erschienen waren und daher zumeist an damals aktuelle Fragestellungen anknüpfen. Wenn auch der Leser heute den damaligen Ereignissen nicht mehr so nahe steht, und daraus der Eindruck entstehen könnte, daß diese Ausführungen nicht mehr zeitgemäß sind, so hieße dies, das eigentliche Anliegen, das diesen Aufsätzen zugrundeliegt, zu verkennen. Es sind nicht die einzelnen Beispiele, die hier im Mittelpunkt stehen – wobei sich manches Problem in etwas anderer Gestalt auch heute noch ähnlich stellt –, sondern es sind Steiners Überlegungen und Impulse, die sich auf das Grundsätzliche, auf die Urphänomene des sozialen Organismus beziehen, die dem heutigen Leser etwas vermitteln können, was, wird es ergriffen, einen wesentlichen Beitrag zur Aufhebung jenes eingangs zitierten Widerspruches leisten kann.

Walter Kugler

INHALT

I

IN AUSFÜHRUNG DER DREIGLIEDERUNG DES SOZIALEN ORGANISMUS

II

GEISTESLEBEN, RECHTSORDNUNG, WIRTSCHAFT

*

I

IN AUSFÜHRUNG DER DREIGLIEDERUNG DES SOZIALEN ORGANISMUS

VORBEMERKUNGEN

Anfang März 1919 ist mein «Aufruf an das deutsche Volk und an die Kulturwelt» erschienen. Er wollte in Kürze zum Ausdruck bringen, was nottut, um dem niedergehenden Leben, das in der Weltkatastrophe seine Krankheitserscheinungen enthüllt hatte, gesundende Kräfte zuzuführen. Zahlreiche Persönlichkeiten Deutschlands, Österreichs und eine Anzahl Schweizer haben unter diesen Aufruf ihre Unterschrift gesetzt und damit bezeugt, daß sie die in ihm ausgesprochenen Anregungen für etwas hielten, das auf die Lebensnotwendigkeiten der Gegenwart und der nächsten Zukunft hinweist. Eine weitere Ausführung habe ich dann diesen Anregungen in meinem Buche «Die Kernpunkte der sozialen Frage in den Lebensnotwendigkeiten der Gegenwart und Zukunft» gegeben. Um für sie in nachhaltiger Weise einzutreten und das Angeregte im praktischen Leben zur Durchführung zu bringen, ist dann in Stuttgart und auch in der Schweiz der «Bund für Dreigliederung des sozialen Organismus» begründet worden. Unter den mancherlei Maßnahmen, die getroffen worden sind, um diese praktische Durchführung zu bewirken, ist auch die Begründung der in Stuttgart erscheinenden Wochenschrift «Dreigliederung des sozialen Organismus». Die folgenden Aufsätze bildeten die Leitartikel, die ich im Sommer 1919 und im Winter 1919–1920 für diese Wochenschrift geschrieben habe. Sie können als ergänzende Ausführungen dessen gelten, was ich in den «Kernpunkten» begründet habe. Man kann sie ebensogut als eine Vorbereitung zum Lesen dieses Buches ansehen.

Alles, was ich sowohl in den «Kernpunkten» wie in diesen Aufsätzen veröffentlichte, ist nicht aus theoretischer Gedankenarbeit erwachsen. Im Laufe von mehr als drei Jahrzehnten habe ich das geistige, politische und wirtschaftliche Leben Europas in seinen verschiedensten Verzweigungen verfolgt. Dabei ergab sich mir, wie ich glaube, die Einsicht in die Tendenzen, nach denen dieses Leben als zu seiner Gesundung hindrängt. Ich meine, daß die Gedanken, die ich ausspreche, nicht die eines einzelnen Menschen sind, sondern daß sie das unbewußte Wollen der europäischen Menschheit ausdrücken. Die besonderen Verhältnisse des Gegenwartslebens, auf die ich in den «Kernpunkten» und in diesen Aufsätzen wiederholt zu sprechen komme, haben es nicht dazu kommen lassen, daß dieses Wollen in klaren Umrissen und verbunden mit dem Streben nach praktischer Durchführung im vollen Bewußtsein einer genügend großen Anzahl von Menschen zutage getreten ist. Man möchte es die Tragik der Gegenwart nennen, daß zahllose Menschen sich durch Illusionen über das Erstrebenswerte die Einsicht in das wirklich Notwendige verbauen. Völlig veraltete Parteianschauungen verbreiten einen dichten Gedankennebel über dieses Notwendige. Sie ergehen sich in unpraktischen, undurchführbaren Tendenzen; das Wirkliche, das sie unternehmen, wird zur unfruchtbaren Utopie, und die Vorschläge, die aus wahrhaftiger Lebenspraxis heraus gemacht sind, werden von ihnen als Utopie angesehen. Mit dieser Tatsache hat das in den folgenden Aufsätzen Ausgesprochene zu kämpfen; zu ihr will es vollbewußt Stellung nehmen.

Aus dieser Tatsache heraus wird gegenwärtig in unserer Welt der Zivilisation noch immer Weltpolitik getrieben. Versailles und Spa sind die Etappen dieser Politik. Die Anzahl der Persönlichkeiten, die durchschauen, wie diese Etappen zum weiteren Niedergange der Zivilisation führen, die in der Weltkatastrophe die Unmöglichkeit ihres Fortschreitens erwiesen hat, ist noch eine geringe. Solche Persönlichkeiten sind heute zwar in den Ländern der Sieger und der Besiegten vorhanden. Aber sie sind erstens nicht zahlreich genug, zweitens sehen wohl auch die meisten von diesen dasjenige, was wirklich nottut, als utopistisch an.

Wenn der «Bund für Dreigliederung des sozialen Organismus» von vielen als eine Gemeinschaft unpraktischer Leute genommen wird, so ist dies, meiner Meinung nach, deshalb, weil diese Vielen gerade von aller wahren Lebenspraxis abgekommen sind, und ihre Parteiillusionen und Lebensroutinen für Praxis halten. Man wird aber zu keiner Gesundung der Zivilisation gelangen, wenn man nicht das Wollen der Zeit, das so dicht in dem Gestrüppe der unpraktischen, illusionären Parteischablonen verborgen ist, zum vollen Bewußtsein bringt.

Für jemand, der nur zu gut weiß, daß er nicht an albernen Einbildungen leidet, ist es schwer, das hinzuschreiben, was ihm bei vielen heute den Ruf einträgt: «Der glaubt gescheiter zu sein als alle, die in praktischer Lebensbetätigung sich das Recht erworben haben, in den Angelegenheiten, um die es sich handelt, mitzureden.» Der Verfasser dieser Aufsätze glaubt aber, daß der falsche Vorwurf, der in solchen Worten liegt, nicht abhalten darf, auszusprechen, was man für das Notwendige hält, wenn man der Meinung ist, daß ein besonderes Verhältnis der eigenen Lebenslage zu dem Leben der Gegenwart durch mehr als drei Jahrzehnte das geistige Auge auf dieses Notwendige hingelenkt hat.

Es ist nun einmal meine in Lebensbeobachtung, die glaubt,

alles Theoretische zu meiden und nur das Praktische ins Auge zu fassen, erworbene Überzeugung, daß das Wollen der Zeit nach «Dreigliederung des sozialen Organismus» drängt, und daß alles, was an Niedergangserscheinungen erlebt wird, seinen Ursprung darin hat, daß das öffentliche Bewußtsein der europäischen Zivilisation, statt diesem Drängen sich zuzuwenden, in den alten unmöglich gewordenen Bahnen fortschreiten möchte.

Die eine Gruppe von Menschen, aus der die führenden Persönlichkeiten vor dem Kriege hervorgegangen sind und aus der viele auch heute noch hervorgehen, lebt fort in den Anschauungen, die zum Niedergang geführt haben, und will den Zusammenhang zwischen diesen Anschauungen und dem Niedergang nicht sehen. Sie möchte aus den Kräften, die ihren Weg zum Tode gewiesen haben, ein neues Leben zimmern.

Die andere Gruppe setzt die Denkungsart fort, die aus der negativ wirkenden Kritik geboren ist; sie will nicht einsehen, daß in dieser Denkungsart zwar die Möglichkeit gegeben ist, Scheingebilde gesellschaftlicher Organisation mit den Trümmern des Alten zu einem vergänglichen, allerdings selbst in dieser Vergänglichkeit verheerenden Dasein zu bringen. Sie setzt auf umgekehrte Art das Alte fort, aber sie ist ohne Keime eines Neuen.

Zwischen diesen beiden Gruppen steuern die Kräfte, die die Bestrebungen für «Dreigliederung des sozialen Organismus» aus dem wirklich vorhandenen, aber vom Schutte des Alten bedeckten Wollen der Zeit entbinden möchten. Ihre Träger sind der Meinung, daß sie dasjenige enthalten, was heute nottut.

Mitte Juli 1920. *Rudolf Steiner*

DIE DREIGLIEDERUNG DES SOZIALEN ORGANISMUS, EINE NOTWENDIGKEIT DER ZEIT

Es ist an der Zeit, zu erkennen, daß die Parteiprogramme, die sich aus älterer oder jüngerer Vergangenheit in die Gegenwart herein erhalten haben, den Tatsachen gegenüber versagen müssen, welche aus der Weltkriegskatastrophe heraus entstanden sind. Diejenigen dieser Programme, deren Träger mitarbeiten durften an der Ordnung der gesellschaftlichen Zustände, sollte man durch diese Katastrophe für widerlegt halten. Diese Träger sollten sich klar darüber sein, daß ihre Gedanken unzulänglich waren, den Entwickelungsgang der Tatsachen zu beherrschen. Diese Tatsachen sind den Gedanken entglitten und haben in Verwirrung und gewaltsame Entladung hineingetrieben. Daß man streben müsse nach Gedanken, die dem wirklichen Gang der Tatsachenwelt mehr gewachsen sind, das sollte das Ergebnis solcher Erkenntnis sein.

Man hat Praxis genannt, was nur engherzige Routine war. Die sogenannten Praktiker hatten sich eingewöhnt in ein enges Lebensgebiet. Das beherrschten sie routiniert. Dieses Lebensgebiet in Zusammenhang zu sehen mit weiteren Lebensumkreisen, dazu fehlte die Neigung und das Interesse. Man war stolz darauf, in seinem engen Lebensgebiete ein «Praktiker» zu sein. Man tat, was die Routine erforderte, und ließ das Getane in die allgemeine Lebensmaschinerie einlaufen. Man kümmerte sich nicht darum, wie es darinnen lief. So lief zuletzt alles durcheinander; und aus dem Tatsachenknäuel entwickelte sich die Weltkatastrophe. Man hatte sich einer «Praxis» ohne beherrschende Gedanken ergeben. Dies war das Schicksal der leitenden Kreise. – Jetzt, da man vor der Verwirrung steht, kann man von den alten Denkgewohnheiten nicht loskommen. Man hat sich gewöhnt, dies oder jenes für «praktisch notwendig» zu halten, und hat den Blick verloren zu durchschauen, wie das «praktisch notwendig» Geglaubte ein innerlich Zermürbtes ist.

In der Wirtschaftsordnung der neueren Zeit ist dieses Entgleiten der Tatsachen gegenüber den Menschengedanken am anschaulichsten zutage getreten. Auf diesem Lebensgebiete zeigte sich die innere Zermürbung durch die proletarisch-sozialistische Bewegung. Innerhalb dieser Bewegung entstand die andere Art von Parteiprogrammen: diejenige, welche aus dem unmittelbaren Erleben des Zermürbten hervorging und entweder kritisch nach Änderung des Hineintreibens in den Wirrwarr verlangte oder von der «Entwickelung» der entfesselten Tatsachen ein Heil erwartete. Diese Programme entstanden theoretisch, aus allgemeinen Menschheitsforderungen heraus, ohne praktisch mit den Tatsachen zu rechnen. Der Praxis, die nur eine Routine war, die Gedanken verachtete, stellten sich die sozialistischen Gedanken entgegen, die eine Theorie ohne Praxis sind. Jetzt, da die Tatsachen ein Eingreifen fruchtbarer, in der Tatsachenwelt selbst lebender Gedanken fordern, erweisen sich diese theoretischen «Gedanken ohne Praxis» als unzulänglich. Und sie werden ihre Unzulänglichkeit immer mehr erweisen, je mehr es nötig werden wird, mit Gedanken ordnend in die Wirklichkeit des verworrenen Lebens der Gegenwart einzugreifen.

Gegenüber der Routine ohne Gedanken und den theoretischen Programmen ohne Praxis ist heute bei Menschen, die wirklich praktisch denken wollen, ein guter Wille in einer gewissen Richtung notwendig. Die routinierten, aber doch in Wahrheit unpraktischen Praktiker sollten sich bemühen, einzusehen, daß plan- und gedankenloses Fortwirtschaften aus der Katastrophe nicht heraus-, sondern immer tiefer in sie hineintreiben wird. Man will sich gegenwärtig noch über die Einsicht hinwegbetäuben, daß die Gedankenlosigkeit, die man mit Lebenspraxis verwechselt hat, in die Verwirrung geführt hat. Man hat die Forderer der Gedanken als «unpraktische Idealisten» verachtet und man will nicht zugeben, daß man damit das Allerunpraktischste getan hat. Ja, daß man sich damit als «Idealisten« im allerschlimmsten Sinne erwiesen hat.

Auf der anderen Seite, wo die theoretische «Forderung ohne Praxis» herrscht, will man ein menschenwürdiges Dasein für diejenige Menschenklasse erkämpfen, die gegenwärtig sich noch nicht im Besitze eines solchen fühlt. Man sieht nicht, daß man es erkämpfen will ohne wirkliche Einsicht in die Lebensnotwendigkeiten einer sozialen Gesellschaftsordnung. Man glaubt, wenn man sich für die theoretisch erhobenen, aber unpraktischen Forderungen die Macht erkämpft, dann werde man, auch wie durch ein Wunder, herbeiführen können, was man anstrebt.

Und wer es mit der Menschheit auch in derjenigen Klasse ehrlich meint, die aus der proletarischen Gedrücktheit diese Forderungen erhebt und die vermeint, in der oben gekennzeichneten Art zum Ziele zu kommen, der muß sich beschäftigen mit der Frage: was soll werden, wenn auf der einen Seite beharrt wird auf Programmen, die durch den Weltgang widerlegt sind, und auf der andern Seite die Macht erkämpft werden soll für Forderungen, die keinen Zugang suchen zu dem, was das Leben selber für eine mögliche soziale Ordnung verlangt?

Man ist heute dem Proletariat gegenüber vielleicht gutmeinend, aber man ist nicht objektiv ehrlich, wenn man ihm nicht begreiflich macht, daß die Programme, zu denen es sich bekennt, es nicht zu dem Heile führen, das es erstrebt, sondern zum Untergange der europäischen Kultur, mit deren Untergang sein eigener Untergang besiegelt ist. Man ist heute nur ehrlich gegenüber dem Proletariat, wenn man in ihm Verständnis dafür erweckt, daß es, was es unbewußt anstrebt, nimmermehr mit den Programmen erreichen kann, die es zu den seinigen gemacht hat.

Das Proletariat lebt in einem furchtbaren Irrtume. Es hat gesehen, wie in den letzten Jahrhunderten die menschlichen Interessen allmählich ganz von dem Wirtschaftlichen aufgesogen worden sind. Es hat bemerken müssen, wie die Rechtsformen des menschlichen Gesellschaftslebens sich festsetzten aus den wirtschaftlichen Macht- und Bedürfnisformen heraus; es konnte sehen, wie das gesamte Geistesleben, insbesondere das Erziehungs- und Schulwesen sich aufgebaut hat aus den Verhältnissen heraus, die sich aus den wirtschaftlichen Unterlagen und aus dem von der Wirtschaft abhängigen Staate ergaben. In dem Proletariat hat sich der zerstörende Aberglaube festgelegt, daß alles Rechts- und alles Geistesleben naturnotwendig aus den Wirtschaftsformen entsteht. Große Kreise auch von Nichtproletariern sind heute schon von diesem Aberglauben befallen. – Was in den letzten Jahrhunderten als eine Zeiterscheinung sich entwickelt hat: die Abhängigkeit des Geistes- und Rechtslebens vom Wirtschaftsleben, das sieht man als eine Naturnotwendigkeit an. Man bemerkt nicht, was die Wahrheit ist: daß diese Abhängigkeit die Menschheit in die Katastrophe hineingetrieben hat; und man gibt sich dem Aberglauben hin, daß man nur eine andere Wirtschaftsordnung brauche, eine solche, die ein anderes Rechts- und Geistesleben aus sich selbst hervortreiben werde. Man will nur die Wirtschaftsordnung ändern, statt einzusehen, daß man die Abhängigkeit des Geistes- und des Rechtslebens von der Wirtschaftsform aufheben müsse.

Nicht darum kann es sich in dem gegenwärtigen Augenblicke weltgeschichtlicher Entwickelung handeln, eine andere Art der Abhängigkeit des Rechts- und Geisteslebens vom Wirtschaftsleben anzustreben, sondern darum, ein solches Wirtschaftsleben zu gestalten, in dem nur Gütererzeugung und Güterzirkulation sachgemäß verwaltet werden, in dem aber aus der Stellung des Menschen in dem Wirtschaftskreislauf nichts bewirkt wird für seine rechtliche Stellung zu andern Menschen und für die Möglichkeit, die in ihm veranlagten Fähigkeiten durch Erziehung und Schule zur Entfaltung zu bringen. In der abgelaufenen geschichtlichen Epoche waren das Rechtsleben und das Geistesleben ein «Überbau» des Wirtschaftslebens. In der Zukunft sollen sie selbständige Glieder des sozialen Organismus sein neben dem Wirtschaftskreislauf. Die Maßnahmen, die innerhalb des letzteren zu treffen sind, sollen aus der wirtschaftlichen Erfahrung und aus dem Verbundensein der Menschen mit den einzelnen Wirtschaftsgebieten sich ergeben. Assoziationen aus den Berufständen, aus den miteinander verschlungenen Interessen der Produzenten und der Konsumenten sollen sich bilden, die sich nach oben hin zu einer Zentralwirtschaftsverwaltung zuspitzen. Dieselben Menschen, welche dieser Wirtschaftsorganisation angehören, bilden auch eine in bezug auf Verwaltung und Vertretung selbständige Rechtsgemeinschaft, in der alles dasjenige geregelt wird, das in den Urteilsbereich jedes mündig gewordenen Menschen fällt. Da wird auf demokratischer Grundlage alles dasjenige gestaltet, was jeden Menschen zum gleichen gegenüber jedem andern Menschen macht. Innerhalb der Verwaltung dieser Gemeinschaft wird zum Beispiele das Arbeitsrecht (Art, Maß, Zeit der Arbeit) geregelt. Damit fällt diese Regelung aus dem Wirtschaftskreislauf heraus. Der Arbeiter steht im Wirtschaftsleben als freier Vertragschließender denen gegenüber, mit denen er gemeinsam produzieren muß. Über seine wirtschaftliche Mitarbeit an einem Produktionszweig muß wirtschaftliche Sachkunde entscheiden; in bezug auf die Ausnützung seiner Arbeitskraft entscheidet er mit, als mündiger Mensch auf dem demokratischen Rechtsboden außerhalb des Wirtschaftskreislaufes.

Wie das Rechtsleben (die Staatsverwaltung) im selbständigen, vom Wirtschaftsleben unabhängigen Rechtsgliede des sozialen Organismus geregelt wird, so das Geistesleben (das Erziehungs- und Schulleben) in völliger Freiheit in dem selbständigen Geistesgliede der sozialen Gemeinschaft. Denn so wenig ein gesundes Wirtschaftsleben in eins verschmolzen sein kann mit dem Rechtsgliede des sozialen Organismus, in dem alles erfolgen muß durch die Urteile aller einander gleichstehenden mündig gewordenen Menschen, so wenig kann die Verwaltung des Geisteslebens auf Gesetze, Verordnungen, eine Aufsicht oder dergleichen gestellt sein, die sich aus den Urteilen der einfach mündig gewordenen Menschen ergeben. Das Geistesleben bedarf der Selbstverwaltung, die nur aus menschheitspädagogischen Gesichtspunkten heraus sich gestaltet. Nur in einer solchen Selbstverwaltung können die in einer Menschengemeinschaft veranlagten individuellen Fähigkeiten zum Dienste des sozialen Lebens wahrhaft gepflegt werden.

Wer in wirklicher Lebenspraxis die Daseinsbedingungen des sozialen Organismus auf der gegenwärtigen Stufe der Menschheitsentwickelung unbefangen zu prüfen in der Lage ist, kann wohl zu keinem anderen Ergebnis kommen als dem, daß zur Gesundung dieses Organismus dessen Dreigliederung in einen selbständigen Geist-, einen solchen Rechts- und ebensolchen Wirtschaftsunterorganismus notwendig ist. Die Einheit des ganzen Organismus wird dadurch gewiß nicht gefährdet; denn diese Einheit ist in der Wirklichkeit dadurch begründet, daß jeder Mensch mit seinen Interessen allen drei Teilorganismen angehört, und daß die Zentralverwaltungen trotz ihrer Unabhängigkeit voneinander die Harmonisierung ihrer Maßnahmen bewirken können.

Daß die internationalen Verhältnisse kein Hindernis bilden, auch wenn nur ein Staat für sich zunächst sich zum dreigliedrigen sozialen Organismus gestaltet, davon soll im nächsten Aufsatz gesprochen werden.

INTERNATIONALE LEBENSNOTWENDIGKEITEN UND SOZIALE DREIGLIEDERUNG

Eine Einwendung, die oft gegen die Idee der Dreigliederung des sozialen Organismus gemacht wird, ist, daß ein Staat, der diese Dreigliederung durchführt, seine internationalen Beziehungen zu anderen Staaten stören müsse. Welche Bedeutung dieser Einwand hat, wird man nur erkennen, wenn man das Wesen der internationalen Staatenverhältnisse in der Gegenwart ins Auge faßt. Am auffälligsten für eine dahingehende Beobachtung ist, daß die wirtschaftlichen Tatsachen in der neuesten Zeit Gestalten angenommen haben, die mit den Staatenabgrenzungen nicht mehr im Einklange stehen. Die geschichtlichen Bedingungen, aus denen sich diese Staatenabgrenzungen ergeben haben, haben wenig zu tun mit den Interessen des Wirtschaftslebens, das die in den Staatsgebieten lebenden Völker führen. Die Folge davon ist, daß die Staatsleitungen die internationalen Beziehungen herstellen, für deren Herstellung das naturgemäßere wäre, wenn sie durch die wirtschaftenden Personen oder Personengruppen unmittelbar zustande käme. Ein Industriebetrieb, der ein Rohprodukt eines auswärtigen Staates braucht, sollte zum Erhalt dieses Rohproduktes nichts anderes nötig haben, als sich mit der Verwaltung desselben auseinanderzusetzen. Und alles, was zu dieser Auseinandersetzung gehört, sollte sich nur innerhalb des Wirtschaftskreislaufes abspielen. Man kann sehen, daß in der neuesten Zeit das Wirtschaftsleben Formen angenommen hat, die auf ein solches Abschließen in sich selbst hinweisen. Und daß in dieses in sich geschlossene Wirtschaftsleben, das allmählich dahin strebt, über die ganze Erde hin eine Einheit zu werden, die staatlichen Interessen sich hineinstellen als störendes Element. Was haben die historischen Bedingungen, unter denen England die Herrschaft über Indien bekommen hat, zu tun mit den wirtschaftlichen Bedingungen, aus denen heraus ein deutscher Fabrikant Waren aus Indien bezieht?

Die Weltkriegskatastrophe offenbart, daß das Leben der neueren Menschheit die Störung der nach Einheit strebenden Weltwirtschaft durch die Interessen der Staatsgebiete nicht verträgt. Die Konflikte, in die Deutschland mit den Ländern des Westens gekommen ist, haben zum Untergrunde diese Störung. Und auch in die Konflikte mit den Ländern des Ostens spielt das gleiche hinein. Wirtschaftliche Interessen forderten eine Bahn aus dem österreichisch-ungarischen Gebiete nach Südosten. Die Staatsinteressen Österreichs und diejenigen der Balkanländer machten sich geltend. Und es entstand die Frage, ob diesen Interessen nicht zuwiderläuft, was den wirtschaftlichen Forderungen entspricht. Das Kapital, das im Dienste der Wirtschaft stehen soll, wird dadurch in Zusammenhang gebracht mit den Staatsinteressen. Die Staaten wollen, daß ihre Kapitalisten in ihren Dienst sich stellen. Die Kapitalisten wollen, daß die im Staate konzentrierte Macht ihren wirtschaftlichen Interessen dienstbar werde. Das Wirtschaftsleben wird dadurch in die Staatsgebiete eingefangen, während es in seiner neueren Entwickelungsphase über alle Staatsgrenzen hinaus zu einem einheitlichen Wirtschaftsleben strebt.

Diese Internationalität des Wirtschaftslebens weist darauf hin, daß in der Zukunft die einzelnen Gebiete der Weltwirtschaft in Beziehungen treten müssen, die unbhängig sind von den Beziehungen, in denen die Völker durch die außer dem Wirtschaftsgebiete liegenden Lebensinteressen stehen werden. Die Staaten werden die Herstellung der Wirtschaftsbeziehungen den an der Wirtschaft beteiligten Personen oder Personengruppen überlassen müssen.

Sollen dadurch nicht die geistigen Kulturbeziehungen in restlose Abhängigkeit kommen von den Wirtschaftsinteressen, so müssen diese Beziehungen aus ihren eigenen Voraussetzungen heraus ihr internationales Leben entfalten.

Es soll hier sicherlich nicht in Abrede gestellt werden, daß die wirtschaftlichen Beziehungen Grundlagen abgeben können auch für den geistigen Verkehr. Doch muß anerkannt werden, daß der in dieser Art bewirkte geistige Verkehr erst fruchtbar werden kann, wenn neben ihm sich Völkerbeziehungen bilden, die nur aus den Bedürfnissen des Geisteslebens selbst kommen. Im einzelnen Volke entringt sich das Geistesleben der Persönlichkeiten den wirtschaftlichen Untergründen. Es nimmt Gestaltungen an, die mit den Formen des Wirtschaftslebens nichts zu tun haben. Diese Gestaltungen müssen zu den entsprechenden bei andern Völkern in Beziehungen kommen können, die nur aus ihrem eigenen Leben hervorgehen. Es ist nicht zu leugnen, daß in dem gegenwärtigen Augenblicke der Menschheitsentwickelung der internationalen Gestaltung der geistigen Lebensgebiete der egoistische Drang der Völker nach Abschluß in ihrem Volkstum widerstrebt. Die Völker streben danach, sich Staatsgebilde zurechtzuzimmern, deren Grenzen die ihrer Volkstümer sind. Und dieses Streben erweitert sich zu dem andern, den geschlossenen Volksstaat auch zu einem geschlossenen Wirtschaftsgebiet zu machen.

Die gekennzeichnete Tendenz der Weltwirtschaft wird diesen Volksegoismen in der Zukunft entgegenarbeiten. Und sollen nicht aus diesem Entgegenarbeiten nie endende Konflikte entstehen, so werden sich die in den Volkstümern auslebenden geistigen Kulturinteressen aus ihrem eigenen Wesen heraus unabhängig von den Wirtschaftsverhältnissen verwalten und aus diesen Verwaltungen heraus internationale Beziehungen bilden müssen. Das wird nicht anders möglich sein, als wenn sich die Gebiete, in denen gemeinsames Geistesleben herrscht, Grenzen geben, die relativ unabhängig sind von den Gebietsgrenzen, die aus den Voraussetzungen des Wirtschaftslebens entstehen.

Es ist nun ganz selbstverständlich die Frage naheliegend, wie das Geistesleben aus dem Wirtschaftsleben seinen Unterhalt beziehen soll, wenn die Verwaltungsgrenzen der beiden Gebiete nicht zusammenfallen. Die Antwort ergibt sich, wenn man bedenkt, daß ein sich selbst verwaltendes Geistesleben dem selbständigen Wirtschaftsleben als eine Wirtschaftskorporation gegenübersteht. Diese letztere kann aber für ihre wirtschaftlichen Grundlagen mit den Wirtschaftsverwaltungen ihres Gebietes Beziehungen eingehen, gleichgültig, zu welchem größeren Wirtschaftsgebiete diese Verwaltungen gehören. Wer sich als praktisch möglich nur dasjenige vorstellt, was er bisher gesehen hat, der wird, was hier vorgebracht wird, für graue Theorie halten. Und er wird glauben, daß die Ordnung der entsprechenden Verhältnisse an der Kompliziertheit derselben scheitern müsse. Nun, ob die Verhältnisse kompliziert sein werden oder nicht: das wird lediglich von der Geschicklichkeit derjenigen Persönlichkeiten abhängen, die mit ihrer Ordnung zu tun haben werden. Niemand aber sollte, weil er vor einer solchen vermeintlichen Kompliziertheit zurückschreckt, sich Maßnahmen entgegenstellen, die von den weltgeschichtlichen Notwendigkeiten der Gegenwart gefordert sind. (Man vergleiche damit die Ausführungen meines Buches «Die Kernpunkte der sozialen Frage», S. 141.)

Das internationale Leben der Menschheit strebt darnach, die geistigen Beziehungen der Völker und die wirtschaftlichen der einzelnen Erdgebiete voneinander unabhängig zu gestalten. Dieser Notwendigkeit in der Entwickelung der Menschheit wird durch die Dreigliederung der sozialen

Organismen Rechnung getragen. In dem dreigliedrigen sozialen Organismus bildet das Rechtsleben auf demokratischer Grundlage das Band zwischen dem Wirtschaftsleben, das aus seinen Bedürfnissen heraus internationale Beziehungen herstellt, und dem Geistesleben, das solche aus seinen Kräften gestaltet.

Man mag aus den Denkgewohnheiten, denen man aus den bisherigen Staatsverhältnissen heraus ergeben ist, noch so stark an dem Glauben hängen, daß die Umwandlung dieser Verhältnisse «praktisch undurchführbar» sei: Die geschichtliche Entwickelung wird über alles dasjenige zerstörend hinwegschreiten, das als Maßnahmen aus diesen Denkgewohnheiten sich erhalten oder neu entstehen will. Denn für die Lebensbedürfnisse der neueren Menschheit wird die weitere Verschmelzung des geistigen, des rechtlichen und wirtschaftlichen Gebietes eine Unmöglichkeit. Durch die Weltkriegskatastrophe hat sich diese Unmöglichkeit geoffenbart. Sie beruht darauf, daß wirtschaftliche und Geisteskulturkonflikte sich in der Gestalt der Staatsgegnerschaften ergaben und dadurch in einer Art zum Austrag kommen mußten, die nicht möglich ist, wenn nur Geistesleben dem Geistesleben und Wirtschaftsinteresse dem Wirtschaftsinteresse gegenübersteht.

Daß es möglich ist, ohne mit dem internationalen Leben in Konflikt zu kommen, in einem einzelnen Staatsgebilde an die Durchführung der Dreigliederung zu gehen, auch wenn dieses Gebilde zunächst mit dieser Durchführung allein steht, das kann in folgender Art gezeigt werden.

Ein Wirtschaftsgebiet, das sich im Rahmen eines Staates als große Genossenschaft ausbilden wollte, könnte ökonomisch vorteilhafte Beziehungen zum Auslande, das kapitalistisch weiter wirtschaftet, nicht aufrechterhalten. Einrichtungen, die den staatlichen ähnlich sind und die Zentralwirtschaftsverwaltungen unterstellt sind, nehmen der Betriebsleitung die Möglichkeit, an das Ausland Produkte zu liefern, die dessen Forderungen entsprechen. Mag auch in bezug auf Entgegennahme von Bestellungen dem Betriebsleiter eine weitgehende Selbständigkeit zugestanden werden; in der Beschaffung von Rohstoffen müßte er sich an die genossenschaftlichen Verwaltungsinstanzen halten. In der Praxis gäbe dieses Eingeklemmtsein zwischen den Forderungen des Auslandes und dem Geschäftsgang der inneren Verwaltung unmögliche Verhältnisse. Den gleichen Schwierigkeiten wie die Ausfuhr müßte die Einfuhr begegnen. Wer beweisen will, daß ein ersprießlicher wirtschaftlicher Verkehr eines Landgebietes, das nach abstrakt sozialistischen Grundsätzen wirtschaften will, mit dem kapitalistischen Ausland nicht möglich ist, der hat nur nötig, auf diese Dinge hinzuweisen, und ihm wird von Unbefangenen Recht gegeben werden müssen.

Die Idee der Dreigliederung des sozialen Organismus kann von solchen Einwendungen nicht betroffen werden. Sie stülpt nicht einen staatsähnlichen Organisationsplan über die Beziehungen, die durch die wirtschaftlichen Interessen selbst gegeben sind. Es ist in ihrem Sinne, daß sich die Verwaltungen gleichgerichteter Wirtschaftszweige in Assoziationen zusammenschließen, und daß solche Assoziationen sich weiter angliedern an andere, durch die ihre Produkte die den Konsumbedürfnissen des Wirtschaftsgebietes entsprechende Verbreitung finden. Eine Betriebsleitung, die für den Export arbeitet, wird in dem Verkehr mit dem Auslande aus völlig freier Initiative handeln können; und sie wird in der Lage sein, im Inlande solche Verbindungen mit anderen Assoziationen einzugehen, die ihr in der Belieferung von Rohstoffen und ähnlichem am förderlichsten sind. Ein gleiches wird von einem Importbetrieb gelten. Maßgebend wird bei dieser Gestaltung des Wirtschaftskreislaufes nur sein, daß durch den Verkehr mit dem Auslande nicht Produkte hergestellt oder eingeführt werden, deren Herstellungskosten oder Kaufpreis die Lebenshaltung der arbeitenden Bevölkerung des Inlandes beeinträchtigen. Der Arbeiter, der für das Ausland arbeitet, wird als Entgelt für seine Produkte so viel erhalten müssen, als für seine Lebenshaltung notwendig ist. Und Produkte, die aus dem Auslande bezogen werden, müssen im allgemeinen zu Preisen zu haben sein, die dem inländischen Arbeiter, der dafür Bedürfnisse hat, es möglich machen, sie zu erwerben. Dabei kann sich allerdings durch die Verschiedenheit der wirtschaftlichen Verhältnisse des In- und Auslandes ergeben, daß für gewisse Produkte, die man aus dem Ausland beziehen muß, zu hohe Preise sich notwendig machen. Man wird finden, wenn man genau zusieht, daß in den Gedanken, welche der Dreigliederung des sozialen Organismus zugrunde liegen, solchen Tatsachen Rechnung getragen ist. Man lese, was S. 126 meiner «Kernpunkte der sozialen Frage» für eine Tatsache des Wirtschaftslebens, die der hier gekennzeichneten ähnlich ist, gesagt ist: «Auch wird eine Verwaltung, die es nur zu tun hat mit dem Kreislauf des Wirtschaftslebens, zu Ausgleichen führen können, die etwa aus diesem Kreislauf heraus als notwendig sich ergeben. Sollte zum Beispiel ein Betrieb nicht in der Lage sein, seinen Darleihern ihre Arbeitsersparnisse zu verzinsen, so wird, wenn er doch als einem Bedürfnis entsprechend anerkannt wird, aus andern Wirtschaftsbetrieben nach freier Übereinkunft mit allen an den letzteren beteiligten Personen das Fehlende zugeschossen werden können.» So auch wird der zu hohe Preis eines Auslandsproduktes durch Zuschüsse ausgeglichen werden können, die aus Betrieben herrühren, welche gegenüber den Bedürfnissen der in ihnen Arbeitenden zu hohe Erträgnisse liefern können.

Wer nach Gedanken über die leitenden Gesichtslinien des Wirtschaftslebens strebt, der wird gerade dann, wenn diese Gedanken praktisch sein sollen, nicht für alle Einzelheiten Angaben machen können. Denn dieser Einzelheiten des Wirtschaftslebens sind unermeßlich viele. Er wird aber die Gedanken so gestalten müssen, daß jeder, der sachgemäß diese Gedanken auf einen Einzelfall anwendet, damit praktisch zurecht kommt. Man wird bei den Vorschlägen, die in meinen «Kernpunkten der sozialen Frage» gemacht werden, finden, daß dieses «Zurechtkommen» um so besser sich gestaltet, je sachgemäßer man verfährt. Insbesondere wird man finden, daß die vorgeschlagene Struktur eines Wirtschaftskörpers, der dem dreigliedrigen sozialen Organismus angehört, einen hemmungslosen wirtschaftlichen Verkehr mit dem Auslande gestattet, auch wenn dieses Ausland die Dreigliederung nicht hat.

Daß sich dieser Verkehr als unmöglich erweisen könnte, wird derjenige nicht behaupten, der einsieht, daß die Selbstverwaltung des Wirtschaftskreislaufes ein Ergebnis sein muß der nach Einheit strebenden Wirtschaft über die ganze Erde hin. Es ist doch so, daß die in einzelne Staatsformen gezwängte Erdwirtschaft diese Staatsformen zu überwinden strebt. Ein Wirtschaftsgebiet, das diesem Streben zuerst gerecht wird, kann wohl unmöglich in Nachteil kommen gegenüber anderen Gebieten, die sich der allgemeinen Wirtschaftsentwickelung entgegenstellen. Was sich ergeben wird, kann vielmehr nur dieses sein. In dem dreigliedrigen sozialen Organismus wird das Erträgnis des Auslandshandels der Lebenshaltung der ganzen Bevölkerung zugute kommen können; in dem kapitalistischen Gemeinwesen wird es einigen Wenigen zukommen. Die Handelsbilanz selbst wird aber nicht dadurch beeinträchtigt werden, daß sie in dem dreigegliederten sozialen Organismus sich anders über die Bevölkerungskreise verteilt als in dem ungegliederten.

Man sieht hieraus, daß mit der Dreigliederung nicht eine weltfremde Utopie gegeben ist, sondern eine Summe von praktischen Impulsen, mit deren Verwirklichung in jedem Punkte des Lebens begonnen werden kann. Das unterscheidet diese «Idee» von den abstrakten «Forderungen» der verschiedenen sozialistischen Parteien. Diese Forderungen suchen Sündenböcke für dasjenige, was im sozialen Leben unerträglich geworden ist. Und sie sagen, wenn sie solche Sündenböcke gefunden haben, die müssen beseitigt werden. Die Idee der Dreigliederung spricht von dem, was aus dem Bestehenden heraus werden muß, wenn die Unzuträglichkeiten verschwinden sollen. Sie will aufbauen im Gegensatz zu andern Ideen, die wohl kritisieren, die auch abbauen können, die aber keinen Hinweis auf einen Aufbau geben. Besonders deutlich zeigt sich dem Unbefangenen dieses, wenn er bedenkt, wozu mit Bezug auf den wirtschaftlichen Auslandsverkehr ein Staatsgebiet geführt werden müßte, das sich im Sinne solcher bloß abbauenden Prinzipien gestalten wollte. Zu den Abbautendenzen im Innern kämen auch noch die das Leben untergrabenden Mißverhältnisse zum Ausland.

Man kann wohl nicht zweifeln, daß die wirtschaftlichen Verhältnisse eines einzelnen dreigliedrigen sozialen Organismus vorbildlich auf das Ausland wirken müßten. Die an einer sozial gerechten Güterverteilung beteiligten Kreise werden in ihrem Lande die Dreigliederung anstreben, wenn sie deren Zweckmäßigkeit bei anderen sehen. Und mit dieser Ausbreitung der Idee der Dreigliederung wird immer mehr das erreicht werden, wonach das Wirtschaftsleben der neueren Zeit nach in ihm selbst liegenden Tendenzen strebt. Daß diesen Tendenzen abgünstige Staatsinteressen heute in vielen Erdgebieten noch mächtig sind, braucht die Menschen eines Wirtschaftsgebietes, die Verständnis für diese Dreigliederung haben, nicht abzuhalten, sie einzuführen. Das hier Gesagte zeigt, daß ihnen internationale Schwierigkeiten im Wirtschaftsleben nicht erwachsen können.

MARXISMUS UND DREIGLIEDERUNG

Es ist unmöglich, aus den sozialen Wirrnissen, in denen Europa steckt, herauszukommen, wenn noch lange gewisse soziale Forderungen, die erhoben werden, in der Unklarheit bleiben, durch die sie gegenwärtig entstellt werden. Als eine solche Forderung lebt in weiten Kreisen diejenige, welche Friedrich Engels in seinem Buche «Die Entwickelung des Sozialismus von der Utopie zur Wissenschaft» mit den Worten ausgesprochen hat: «An die Stelle der Regierung über Personen tritt die Verwaltung von Sachen und die Leitung von Produktionsprozessen.» Zahlreiche Führer des Proletariats und mit ihnen die proletarischen Massen selbst bekennen sich zu der Anschauung, welcher dieser Ausspruch entstammt. Sie ist von einem gewissen Gesichtspunkt aus richtig. Die Menschenzusammenhänge, aus denen die modernen Staaten sich entwickelt haben, haben Verwaltungen gebildet, von denen nicht nur Sachen und Produktionsprozesse geregelt, sondern auch die in den Produktionszweigen und mit den Sachen beschäftigten Menschen regiert werden. Die Verwaltung von Sachen und Produktionszweigen umfaßt das Wirtschaftsleben. Dieses hat in der neueren Zeit Formen angenommen, die notwendig machen, daß seine Verwaltung nicht mehr die Regierung der Menschen mitbesorgen kann. Das erkannten Marx und Engels. Sie wandten ihre Aufmerksamkeit darauf, wie im Wirtschaftskreislauf das Kapital und die menschliche Arbeitskraft wirksam sind. Sie empfanden, daß das Leben der neueren Menschheit über die Art, welche diese Wirksamkeit angenommen hat, hinausstrebt. Denn diese Art ist so, daß das Kapital zur Grundlage der Macht über die menschliche Arbeitskraft geworden ist. Es dient nicht nur der Verwaltung von Sachen und der Leitung von Produktionsprozessen; es gibt die Richtschnur ab für die Regierung von Menschen. Daraus schlossen Marx und Engels, daß man aus dem Wirtschaftskreislauf die Regierung über Menschen entfernen müsse. Sie schlossen recht. Denn das neuere Leben gestattet nicht, daß die Menschen nur als Anhängsel der Sachen und Produktionsprozesse betrachtet und mit deren Verwaltung mitverwaltet werden.

Aber Marx und Engels glaubten, daß die Sache einfach damit abgetan sei, daß man aus dem Wirtschaftsprozeß das Regieren über Menschen herauswirft und die neue aus dem Staat sich entwickelnde gereinigte Wirtschaftsverwaltung fortbestehen lasse. Sie sahen nicht, daß in dem Regieren etwas lag, das Verhältnisse der Menschen zueinander regelt, die nicht ungeregelt bleiben können, und die sich auch nicht von selbst regeln, wenn sie nicht mehr aus den Forderungen des Wirtschaftslebens in der alten Art geregelt werden. Sie sahen auch nicht, daß in dem Kapital die Quelle lag, aus der die Kräfte flossen zur Verwaltung der Sachen und Leitung der Produktionszweige. Auf dem Umwege durch das Kapital leitet der Menschengeist das Wirtschaftsleben. Indem man Sachen verwaltet und Produktionszweige leitet, pflegt man noch nicht den Menschengeist, der aus immer neuer Daseinsschöpfung hervorgeht, und der dem Wirtschaftsleben auch immer neue Kräfte zuführen muß, wenn es nicht erst erstarren und dann völlig verkommen soll.

Richtig ist, was Marx und Engels gesehen haben: daß die Verwaltung des Wirtschaftskreislaufes nichts enthalten darf, was eine Regierung über Menschen bedeutet, und daß dem Kapital, das diesem Kreislauf dient, nicht die Macht zukommen darf über den Menschengeist, der ihm die Wege weist. Aber verhängnisvoll geworden ist, daß sie glaubten, beides, die durch das Regieren geregelten Verhältnisse der Menschen zueinander und die Leitung des Wirtschaftslebens durch den Menschengeist, werde dann von selbst da sein können, wenn es nicht mehr von der Wirtschaftsverwaltung ausgeht.

Die Reinigung des Wirtschaftslebens, das heißt seine Beschränkung auf die Verwaltung von Sachen und die Leitung von Produktionsprozessen, ist nur möglich, wenn neben dem Wirtschaftsleben etwas besteht, das an die Stelle des alten Regierens tritt und etwas anderes, das den Menschengeist zum wirklichen Leiter des Wirtschaftskreislaufes macht. Dieser Forderung wird die Idee des dreigliedrigen sozialen Organismus gerecht. Die auf sich selbst gestellte Verwaltung des Geisteslebens wird dem Wirtschaftsleben die menschlichen Geisteskräfte zuführen, die es fortschreitend neu befruchten können, wenn sie auf ihrem eigenen Boden bloß Sachen verwaltet und Produktionszweige regelt. Und das von dem Geistes- und Wirtschaftsgebiet abgesonderte Rechtsglied des sozialen Organismus wird die Beziehungen der Menschen so regeln, wie sie demokratisch der mündig gewordene Mensch dem mündig gewordenen Menschen gegenüber regeln kann, ohne daß bei dieser Regelung die Macht mitspricht, die der eine Mensch über den anderen durch stärkere individuelle Kräfte oder durch wirtschaftliche Grundlagen haben kann.

Marx' und Engels Gesichtspunkt war mit Bezug auf die Forderung einer Neugestaltung des Wirtschaftslebens richtig; aber einseitig. Sie sahen nicht, daß das Wirtschaftsleben nur dadurch frei werden kann, wenn sich neben dasselbe ein freies Rechtsleben und eine freie Geistespflege stellen. Welche Formen das Wirtschaftsleben der Zukunft annehmen muß, das kann allein derjenige sehen, der sich klar darüber ist, daß die wirtschaftlich-kapitalistische Orientierung in die unmittelbar geistige, die aus der Wirtschaftsmacht erfolgende Regelung der Menschenbeziehungen in die unmittelbar menschliche übergehen muß. Die Forderung eines Wirtschaftslebens, in dem nur Sachen verwaltet und Produktionsprozesse geleitet werden, kann nie erfüllt werden, wenn sie allein für sich erhoben wird. Wer sie dennoch erhebt, der will ein Wirtschaftsleben schaffen, das von sich auswirft, was es bisher als eine Daseinsnotwendigkeit in sich getragen hat, und das dennoch bestehen soll.

Aus anderen Lebensgrundlagen, aber aus gründlicher

Erfahrung heraus hat Goethe zwei Sätze geprägt, die aber vollgültig für viele soziale Forderungen unserer Zeit sind. Der eine ist: «Ein unzulängliches Wahre wirkt eine Zeitlang fort; statt völliger Aufklärung aber tritt auf einmal ein blendendes Falsche herein; das genügt der Welt und so sind Jahrhunderte betört.» Der andere ist: «Allgemeine Begriffe und großer Dünkel sind immer auf dem Wege, entsetzliches Unglück anzurichten.» Wahrhaftig, der nicht von unseren Zeitverhältnissen belehrte Marxismus ist ein «unzulängliches Wahre», das trotz seiner Unzulänglichkeit in der proletarischen Weltanschauung wirkt; aber nach der Weltkriegskatastrophe wird es gegenüber den wahren Zeitforderungen ein «blendendes Falsches», das verhindert werden muß, «Jahrhunderte zu betören». Diesem Streben nach Verhinderung wird derjenige zuneigen, der erkennt, in welches Unglück das Proletariat durch sein «unzulängliches Wahres» rennt. Aus diesem «unzulänglichen Wahren» sind wirklich «allgemeine Begriffe» geworden, deren Träger aus einem wahrlich nicht kleinen Dünkel alles als Utopie ablehnen, was bemüht ist, an die Stelle ihrer utopischen Allgemeinheiten Wirklichkeiten des Lebens zu setzen.

FREIE SCHULE UND DREIGLIEDERUNG

Die öffentliche Pflege des Geisteslebens in Erziehung und Schule ist in der neueren Zeit immer mehr zur Staatssache geworden. Daß das Schulwesen eine vom Staat zu besorgende Angelegenheit sei, wurzelt gegenwärtig so tief im Bewußtsein der Menschen, daß, wer an diesem Urteil rütteln zu müssen vermeint, als ein weltfremder «Ideologe» angesehen wird. Und doch liegt gerade auf diesem Lebensgebiete etwas vor, das der allerernstesten Erwägung bedarf. Denn diejenigen, die in der angedeuteten Art über «Weltfremdheit» denken, ahnen gar nicht, welch eine weltfremde Sache sie selbst verteidigen. Unser Schulwesen trägt ganz besonders die Charakterzüge an sich, die ein Abbild sind der niedergehenden Strömungen im Kulturleben der gegenwärtigen Menschheit. Die neueren Staatsgebilde sind mit ihrer sozialen Struktur den Anforderungen des Lebens nicht gefolgt. Sie zeigen zum Beispiel eine Gestaltung, die den wirtschaftlichen Forderungen der neueren Menschheit nicht genügt. Sie haben diese Rückständigkeit auch dem Schulwesen aufgedrückt, das sie, nachdem sie es den Religionsgemeinschaften entrissen, ganz in Abhängigkeit von sich gebracht haben. Die Schule auf allen ihren Stufen bildet die Menschen so aus, wie sie der Staat für die Leistungen braucht, die er für notwendig hält. In den Einrichtungen der Schulen spiegeln sich die Bedürfnisse des Staates. Man redet zwar viel von allgemeiner Menschenbildung und ähnlichem, das man anstreben will; aber der neuere Mensch fühlt sich unbewußt so stark als ein Glied der staatlichen Ordnung, daß er gar nicht bemerkt, wie er von der allgemeinen Menschenbildung redet und eigentlich die Ausbildung zum brauchbaren Staatsdiener meint.

In dieser Beziehung verspricht die Gesinnung der sozialistisch Denkenden von heute nichts Gutes. Man will den alten Staat umwandeln in eine große Wirtschaftsorganisation. In diese hinein soll sich fortsetzen die Staatsschule. Diese Fortsetzung würde alle Fehler der gegenwärtigen Schule in bedenklichster Art vergrößern. Bisher steckte in dieser Schule noch manches, was Zeiten entstammte, in denen der Staat noch nicht Beherrscher des Unterrichtswesens war. Man kann natürlich die Herrschaft des Geistes nicht zurückwünschen, der aus diesen alten Zeiten stammt. Aber man müßte bestrebt sein, den neuen Geist der fortentwickelten Menschheit in die Schule hineinzutragen. Dieser Geist wird nicht darinnen sein, wenn man den Staat in eine Wirtschaftsorganisation umwandelt und die Schule so umgestaltet, daß aus ihr Menschen hervorgehen, die die brauchbarsten Arbeitsmaschinen in dieser Wirtschaftsorganisation sein können. Man spricht heute viel von einer «Einheitsschule». Daß man sich theoretisch unter dieser Einheitsschule etwas sehr Schönes vorstellt, darauf kommt es nicht an. Denn, wenn man die Schule als ein organisches Glied einer Wirtschaftsorganisation ausgestaltet, so kann sie nicht etwas Schönes sein.

Worauf es der Gegenwart ankommen muß, das ist, die Schule ganz in einem freien Geistesleben zu verankern. Was gelehrt und erzogen werden soll, das soll nur aus der Erkenntnis des werdenden Menschen und seiner individuellen Anlagen entnommen sein. Wahrhaftige Anthropologie soll die Grundlage der Erziehung und des Unterrichtes sein. Nicht gefragt soll werden: Was braucht der Mensch zu wissen und zu können für die soziale Ordnung, die besteht; sondern: Was ist im Menschen veranlagt und was kann in ihm entwickelt werden? Dann wird es möglich sein, der sozialen Ordnung immer neue Kräfte aus der heranwachsenden Generation zuzuführen. Dann wird in dieser Ordnung immer das leben, was die in sie eintretenden Vollmenschen aus ihr machen; nicht aber wird aus der heranwachsenden Generation das gemacht werden, was die bestehende soziale Organisation aus ihr machen will.

Ein gesundes Verhältnis zwischen Schule und sozialer Organisation besteht nur, wenn der letzteren immer die in ungehemmter Entwickelung herangebildeten neuen individuellen Menschheitsanlagen zugeführt werden. Das kann nur geschehen, wenn die Schule und das Erziehungswesen innerhalb des sozialen Organismus auf den Boden ihrer Selbstverwaltung gestellt werden. Das Staats- und Wirtschaftsleben sollen die von dem selbständigen Geistesleben herangebildeten Menschen empfangen; nicht aber sollen sie, nach ihren Bedürfnissen, deren Bildungsgang vorschreiben können. Was ein Mensch in einem bestimmten Lebensalter wissen und können soll, das muß sich aus der Menschennatur heraus ergeben. Staat und Wirtschaft werden sich so gestalten müssen, daß sie den Forderungen der Menschennatur entsprechen. Nicht der Staat oder das Wirtschaftsleben haben zu sagen: So brauchen wir den Menschen für ein bestimmtes Amt; also *prüft* uns die Menschen, die wir brauchen und sorgt zuerst dafür, daß sie wissen und können, was wir brauchen; sondern das geistige Glied des sozialen Organismus soll aus seiner Selbstverwaltung heraus die entsprechend begabten Menschen zu einem gewissen Grade der Ausbildung bringen, und Staat und Wirtschaft sollen sich gemäß den Ergebnissen der Arbeit im geistigen Gliede einrichten.

Da das Leben des Staates und der Wirtschaft nichts von der Menschennatur Abgesondertes sind, sondern das Ergebnis dieser Natur, so ist niemals zu befürchten, daß ein wirklich freies, auf sich selbst gestelltes Geistesleben wirklichkeitsfremde Menschen ausbildet. Dagegen entstehen solche lebensfremde Menschen gerade dann, wenn die bestehenden Staats- und Wirtschaftseinrichtungen das Erziehungs- und Schulwesen von sich aus regeln. Denn in Staat und Wirtschaft müssen die Gesichtspunkte innerhalb des Bestehenden, Gewordenen eingenommen werden. Zur Entwickelung des werdenden Menschen braucht man ganz andere Richtlinien des Denkens und Empfindens. Man kommt als Erzieher, als Unterrichtender nur zurecht, wenn man in einer freien, individuellen Weise dem zu Erziehenden, zu Unterrichtenden gegenübersteht. Man muß sich für die Richtlinien des Wirkens nur abhängig wissen von *Erkenntnissen* über die Menschennatur, über das Wesen der sozialen Ordnung und ähnliches, nicht aber von *Vorschriften* oder *Gesetzen,* die von außen gegeben werden. Will man ernstlich die bisherige Gesellschaftsordnung in eine solche nach sozialen Gesichtspunkten überleiten, so wird man nicht davor zurückschrecken dürfen, das geistige Leben – mit dem Erziehungs- und Schulwesen – in seine eigene Verwaltung zu stellen. Denn aus einem solchen selbständigen Gliede des sozialen Organismus werden Menschen hervorgehen mit Eifer und Lust zum Wirken im sozialen Organismus; aus einer vom Staat oder vom Wirtschaftsleben geregelten Schule können aber doch nur Menschen kommen, denen dieser Eifer und diese Lust fehlen, weil sie die Nachwirkung einer Herrschaft wie etwas Ertötendes empfinden, die nicht hätte über sie ausgeübt werden dürfen, bevor sie vollbewußte Mitbürger und Mitarbeiter dieses Staates und dieser Wirtschaft sind. Der werdende Mensch soll erwachsen durch die Kraft des von Staat und Wirtschaft unabhängigen Erziehers und Lehrers, der die individuellen Fähigkeiten frei entwickeln kann, weil die seinigen in Freiheit walten dürfen.

In meinem Buche «Die Kernpunkte der sozialen Frage in

den Lebensnotwendigkeiten der Gegenwart und Zukunft» habe ich mich bemüht, zu zeigen, daß in der Lebensauffassung der parteimäßig führenden Sozialisten im wesentlichen nur die nach einem gewissen Extrem getriebene Gedankenwelt des Bürgertums der letzten drei bis vier Jahrhunderte weiterlebt. Es ist die Illusion dieser Sozialisten, daß ihre Ideen einen völligen Bruch mit dieser Gedankenwelt darstellen. Nicht ein solcher liegt vor, sondern nur die besondere Färbung der bürgerlichen Lebensauffassung aus dem Fühlen und Empfinden des Proletariats heraus. Dies zeigt sich ganz besonders stark in der Stellung, welche diese sozialistischen Führer zum Geistesleben und seiner Eingliederung in den gesellschaftlichen Organismus einnehmen. Durch die hervorragende Bedeutung des Wirtschaftslebens in der bürgerlichen Gesellschaftsorganisation der letzten Jahrhunderte ist das Geistesleben in eine starke Abhängigkeit von dem Wirtschaftsleben gekommen. Das Bewußtsein von einem in sich selbst gegründeten Geistesleben, an dem die Menschenseele Anteil hat, ist verloren gegangen. Naturanschauung und Industrialismus haben diesen Verlust mitbewirkt. Damit hängt zusammen, wie man in der neueren Zeit die Schule in den gesellschaftlichen Organismus eingliederte. Den Menschen für das äußere Leben in Staat und Wirtschaft brauchbar zu machen, wurde die Hauptsache. Daß er in erster Linie als seelisches Wesen erfüllt sein solle mit dem Bewußtsein seines Zusammenhanges mit einer Geistesordnung der Dinge und daß er durch dieses *sein Bewußtsein* dem Staate und der Wirtschaft, in denen er lebt, einen Sinn gibt, daran wurde immer weniger gedacht. Die Köpfe richteten sich immer weniger nach der geistigen Weltordnung und immer mehr nach den wirtschaftlichen

Produktionsverhältnissen. Beim Bürgertum wurde dieses zu einer empfindungsgemäßen Richtung des Seelenlebens. Die proletarischen Führer machten daraus eine theoretische Lebensauffassung, ein Lebensdogma.

Verheerend würde dieses Lebensdogma werden, wenn es grundlegend sein wollte für den Aufbau des Schulwesens in die Zukunft hinein. Da in Wirklichkeit ja doch aus einer noch so vortrefflichen wirtschaftlichen Gestaltung des sozialen Organismus sich keine Pflege eines wahren Geisteslebens, insbesondere auch keine produktive Einrichtung des Schulwesens ergeben kann, so müßte zunächst diese Einrichtung durch die Fortführung der alten Gedankenwelt herbeigeführt werden. Die Parteien, die Träger einer neuen Lebensgestaltung sein wollen, müßten das Geistige in den Schulen von den Trägern der alten Weltanschauungen fortpflegen lassen. Da aber unter solchen Verhältnissen ein innerer Zusammenhang der heranwachsenden Generation zu dem fortgepflegten Alten doch nicht aufkommen kann, müßte das geistige Leben immer mehr versumpfen. Die Seelen dieser Generation würden veröden durch das unwahrhaftige Stehen in einer Lebensauffassung, die ihnen nicht innerer Kraftquell werden könnte. Die Menschen würden seelenleere Wesen innerhalb der aus dem Industrialismus hervorgehenden Gesellschaftsordnung.

Damit dieses nicht geschehe, erstrebt die Bewegung nach dem dreigliedrigen sozialen Organismus die völlige Loslösung des Unterrichtswesens von dem Staats- und Wirtschaftsleben. Die soziale Gliederung der am Unterrichtswesen beteiligten Persönlichkeiten soll von keinen anderen Mächten abhängen als nur von dem an diesem Wesen mitbeschäftigten Menschen. Die Verwaltung der Unterrichtsanstalten, die Einrichtung der Lehrgänge und Lehrziele soll nur von Personen besorgt werden, die *zugleich* lehren, oder sonst produktiv im Geistesleben sich betätigen. Jede solche Person würde ihre Zeit teilen zwischen Unterrichten oder sonstigem geistigen Schaffen und Verwalten des Unterrichtswesens. Wer sich vorurteilslos in eine Beurteilung des geistigen Lebens einzulassen vermag, der kann einsehen, daß die lebendige Kraft, die man zum Organisieren und Verwalten des Erziehungs- und Unterrichtswesens braucht, nur in der Seele erwachsen kann, wenn man tätig im Unterrichten oder sonstigem geistigen Hervorbringen drinnen steht.

Voll zugeben wird dieses für unsere Gegenwart wohl nur derjenige, der unbefangen sieht, wie eine neue Quelle des Geisteslebens sich eröffnen muß zum Aufbau unserer zusammengebrochenen Gesellschaftsordnung. Im Aufsatz «Marxismus und Dreigliederung» habe ich auf den richtigen, aber einseitigen Gedanken Engels hingewiesen: «An die Stelle der Regierung über Personen tritt die Verwaltung von Sachen und die Leitung von Produktionsprozessen.» So richtig das ist, so wahr ist das andere, daß in den gesellschaftlichen Ordnungen der Vergangenheit das Leben der Menschen nur möglich war, weil mit der Leitung der wirtschaftlichen Produktionsprozesse zugleich die Menschen mitregiert wurden. Hört dieses Mitregieren auf, so müssen die Menschen aus dem frei auf sich gestellten Geistesleben die Lebensantriebe empfangen, welche durch die bisherigen Regierungsimpulse in ihnen wirkten.

Zu alledem kommt noch ein anderes. Das Geistesleben gedeiht nur, wenn es als Einheit sich entfalten kann. Aus derselben Entwickelung der Seelenkräfte, aus der eine befriedigende, den Menschen tragende Weltauffassung stammt, muß auch die produktive Kraft kommen, die den Menschen zum rechten Mitarbeiter im Wirtschaftsleben macht. Praktische Menschen für das äußere Leben werden doch nur aus einem solchen Unterrichtswesen hervorgehen, das in gesunder Art auch die höheren Weltanschauungstriebe zu entwickeln vermag. Eine Gesellschaftsordnung, die nur Sachen verwaltet und Produktionsprozesse leitet, müßte nach und nach auf ganz schiefe Wege kommen, wenn ihr nicht Menschen mit gesund entwickelten Seelen zugeführt würden.

Ein Neuaufbau unseres gesellschaftlichen Lebens muß daher die Kraft gewinnen, das selbständige Unterrichtswesen einzurichten. Wenn nicht mehr Menschen über Menschen in der alten Art «regieren» sollen, so muß die Möglichkeit geschaffen werden, daß der freie Geist in jeder Menschenseele so kraftvoll, als es in den menschlichen Individualitäten jeweilig möglich ist, zum Lenker des Lebens wird. Dieser Geist läßt sich aber nicht unterdrücken. Einrichtungen, die aus den bloßen Gesichtspunkten einer wirtschaftlichen Ordnung das Schulwesen regeln wollten, wären der Versuch einer solchen Unterdrückung. Sie würde dazu führen, daß der freie Geist aus seinen Naturgrundlagen heraus fortdauernd revoltieren würde. Die kontinuierliche Erschütterung des Gesellschaftsbaues wäre die notwendige Folge einer Ordnung, die aus der Leitung der Produktionsprozesse zugleich das Schulwesen organisieren wollte.

Wer diese Dinge überschaut, für den wird die Begründung einer Menschengemeinschaft, welche die Freiheit und Selbstverwaltung des Erziehungs- und Schulwesens energisch erstrebt, zu einer der wichtigsten Zeitforderungen. Alle anderen notwendigen Zeitbedürfnisse werden ihre Befriedigung nicht finden können, wenn auf diesem Gebiete das

Rechte nicht eingesehen wird. Und es bedarf eigentlich nur des unbefangenen Blickes auf die Gestalt unseres gegenwärtigen Geisteslebens mit seiner Zerrissenheit, mit seiner geringen Tragkraft für die menschlichen Seelen, um dieses Rechte einzusehen.

WAS NOTTUT

Man wird den Wirklichkeitssinn, der in der Idee von der Dreigliederung des sozialen Organismus lebt, nicht finden, wenn man diese mit den Gedanken vergleicht, die man sich über das praktisch Mögliche aus den Überlieferungen heraus angeeignet hat, in welche man durch Erziehung und Lebensgewohnheiten hineingewachsen ist. Daß diese Überlieferungen zu Denk- und Empfindungsgewohnheiten geführt haben, über welche das Leben hinausgewachsen ist, dies ist ja gerade der Grund unserer gesellschaftlichen und staatlichen Wirrnis. Wer daher sagt: die Dreigliederung berücksichtige nicht, aus welchen Antrieben bisher die menschlichen Einrichtungen erwachsen sind, der lebt in dem Wahn, die Überwindung dieser Antriebe sei eine Sünde wider jede mögliche Gesellschaftsordnung. Die Idee von der Dreigliederung ist aber auf der Erkenntnis aufgebaut, daß der Glaube an die weitere Tragkraft dieser Antriebe das stärkste Hemmnis bildet für einen gesunden, mit der gegenwärtigen Entwickelungsstufe der Menschheit rechnenden Fortschrittsimpuls.

Daß die alten Antriebe nicht weiter fortgepflegt werden können, das sollte man aus der Tatsache erkennen, daß sie ihre Stoßkraft für das produktive Arbeiten der Menschen verloren haben. Die alten wirtschaftlichen Antriebe der Kapitalrentabilität und des Lohnerträgnisses konnten ihre Stoßkraft nur so lange behaupten, als von den alten Lebensgütern noch genügend übriggeblieben war von dem, für das der Mensch Neigung und Liebe entwickeln konnte. Diese Lebensgüter zeigen sich deutlich in dem abgelaufenen Zeitalter erschöpft. Und immer zahlreicher wurden die Menschen, die als Kapitalisten nicht mehr wußten, wofür sie Kapital anhäufen sollten; immer zahlreicher auch wurden die Menschen, die, im Lohnverhältnis stehend, nicht wußten, wofür sie arbeiteten.

Die Erschöpfung der im Staatsgefüge wirkenden Antriebe zeigte sich darin, daß es in der neuesten Zeit für viele Menschen fast zu einer Selbstverständlichkeit wurde, den Staat für einen Selbstzweck anzusehen und zu vergessen, daß der Staat um der Menschen willen da ist. Man kann den Staat nur als einen Selbstzweck ansehen, wenn man die innere individuelle Selbstbehauptung des Menschenwesens so weit verloren hat, daß man für diese Selbstbehauptung und aus ihr heraus *nicht* die entsprechenden Staatseinrichtungen fordert. Dann muß man nämlich in allerlei Einrichtungen des Staates dessen Wesen suchen, die seiner eigentlichen Aufgabe zuwiderlaufen. Man wird erfüllt werden, *mehr* in die Einrichtungen des Staates hineinzulegen, als für die Selbstbehauptung der in ihm vereinigten Menschen notwendig ist. Jedes solche *Mehr* des Staates ist aber ein Zeugnis für ein *Weniger* der den Staat tragenden Menschen.

Im geistigen Leben offenbart sich die Unfruchtbarkeit der alten Antriebe in dem Mißtrauen, das man dem Geiste überhaupt entgegenbringt. Was aus den ungeistigen Lebensverhältnissen erwächst, dafür hat man Interesse; darüber bildet man sich Anschauungen und Gedanken. Was aus geistiger Produktion stammt, das betrachtet man am liebsten als persönliche Angelegenheit des produzierenden Menschen. Man behindert es eher, als daß man es förderte, wenn es in das öffentliche Leben aufgenommen werden will. Es gehört zu den verbreitetsten Eigentümlichkeiten unserer zeitgenössischen Menschen, daß ihnen ein offener Sinn für individuelle Geistesleistungen ihrer Mitmenschen fehlt.

Die Gegenwart bedarf des Hinschauens auf diese ihre Abgebrauchtheit in bezug auf die wirtschaftlichen, die staatlichen, die geistigen Antriebe. Aus diesem Hinschauen muß sich ein energisches soziales Wollen entzünden. Ehe man nicht erkennt, daß in unserer wirtschaftlichen, staatlichen, geistigen Not nicht bloß äußere Lebensverhältnisse wirksam sind, sondern die Seelenverfassung des neueren Menschen, ist die Grundlage zu dem notwendigen Neubau noch nicht gegeben.

Es ist ein Zwiespalt in die Seelenverfassung der Menschheit eingetreten. In den instinktiven, unbewußten Regungen der Menschennatur rumort ein Neues. In dem bewußten Denken wollen die alten Ideen den instinktiven Regungen nicht folgen. Wenn aber die besten instinktiven Regungen nicht von Gedanken erleuchtet sind, die ihnen entsprechen, dann werden sie barbarisch, animalisch. In eine gefährliche Lage treibt die Menschheit der Gegenwart hinein durch die Animalisierung ihrer Instinkte. Rettung ist nur zu finden durch Erstreben neuer Gedanken für eine neue Weltlage.

Ein Ruf nach Sozialisierung, der dieses nicht berücksichtigt, kann zu nichts Heilsamem führen. Die Scheu, den Menschen als seelisches, als geistiges Wesen zu betrachten, muß überwunden werden. Einseitige Umwandlung des

Wirtschaftslebens, einseitige Neugestaltung der staatlichen Struktur ohne die Pflege einer sozial gesunden und fruchtbaren Seelenverfassung ist geeignet, die Menschheit in Illusionen zu wiegen, statt sie mit Wirklichkeitssinn zu durchdringen. Und weil nur wenige sich entschließen können, die Lebensfrage der Gegenwart und der nächsten Zukunft in dem umfassenden Sinne einer Frage der äußeren Einrichtung und der inneren Erneuerung zu sehen, darum kommen wir auf dem Wege zur sozialen Neugestaltung so langsam vorwärts. Wenn viele sagen: die innere Erneuerung erfordere eine lange Zeit, man dürfe sie nicht überstürzen, so lauert hinter solchen Reden eben die Scheu vor dieser Erneuerung. Denn die rechte Stimmung kann nur *die* sein: alles tatkräftig ins Auge zu fassen, was zur Erneuerung führen kann, und dann zuzusehen, wie langsam oder wie schnell die Lebensfahrt vorwärts kommen wird.

Die Ereignisse der letzten Jahre haben eine gewisse Ermüdung über die Seelenverfassungen der Zeitgenossen ausgegossen. Um der kommenden Generationen willen, um der Kultur der nächsten Zukunft willen, muß diese Ermüdung bekämpft werden. Aus solchen Empfindungen heraus ist die Idee der Dreigliederung an die Öffentlichkeit getreten. Sie mag vielleicht unvollkommen, sie mag ganz schief sein; ihre Träger werden verstehen, wenn man sie vom Gesichtspunkte anderer neuer Ideen bekämpft. Daß man sie oft «unverständlich» findet, weil sie dem gewohnten Alten widerspricht, das können sie aber nicht als ein Zeichen betrachten, daß bei solchen Bekämpfern der Ruf gehört wird, der aus der Entwickelung der Menschheit für unsere Zeit sich doch, wie man glauben sollte, deutlich genug vernehmen läßt.

ARBEITSFÄHIGKEIT, ARBEITSWILLE UND DREIGLIEDRIGER SOZIALER ORGANISMUS

Sozialistisch denkende Persönlichkeiten sehen in der bisherigen Form des Gewinnes innerhalb des Wirtschaftslebens einen Arbeitsantrieb, von dessen Beseitigung die Herbeiführung gesünderer sozialer Zustände, als die bisherigen sind, abhängt. Für solche Persönlichkeiten wird die Frage drängend: Was wird die Menschen veranlassen, ihre Fähigkeiten in einem notwendigen Stärkegrade in den Dienst des wirtschaftlichen Produzierens zu stellen, wenn der Egoismus, der im Gewinn seine Befriedigung findet, sich nicht mehr ausleben kann? Man kann nicht sagen, daß dieser Frage genügend Sorgfalt bei denen zugewandt wird, die an Sozialisierung denken. Die Forderung: in Zukunft dürfe der Mensch nicht mehr für sich, sondern er müsse «für die Gemeinschaft» arbeiten, bleibt wesenlos, solange man nicht wirklichkeitsgemäße Erkenntnisse darüber entwickeln kann, auf welche Art man Menschenseelen dazu bestimmen kann, daß sie «für die Gemeinschaft» ebenso willig arbeiten, wie für sich selbst. Man könnte sich allerdings der Meinung hingeben, eine zentrale Verwaltung werde jeden Menschen an seinen Arbeitsplatz stellen, und dann werde durch diese Organisation der Arbeit auch möglich sein, die Arbeitsprodukte in gerechter Art von der Zentralverwaltung aus zu verteilen. Allein eine solche Meinung fußt auf einer Illusion. Sie rechnet zwar damit, daß die Menschen Konsumbedürfnisse haben und daß diese befriedigt werden müssen; aber sie rechnet nicht damit, daß das bloße Bewußtsein vom Vorhandensein dieser Konsumbedürfnisse in dem Menschen nicht eine Hingabe an die Produktion hervorruft, wenn er nicht für sich, sondern für die Gemeinschaft produzieren soll. Er wird durch dieses bloße Bewußtsein, für die Gesellschaft zu arbeiten, keine Befriedigung empfinden. Deshalb wird ihm daraus kein Arbeitsantrieb erstehen können.

Man sollte durchschauen, daß man in dem Augenblicke einen neuen Arbeitsantrieb schaffen muß, in dem man daran denkt, den alten des egoistischen Gewinnes zu beseitigen. Eine Wirtschaftsverwaltung, welche diesen Gewinn nicht innerhalb der in ihrem Kreislauf wirkenden Kräfte hat, kann von sich aus überhaupt keine Wirkung auf den menschlichen Arbeitswillen ausüben. Und gerade dadurch, daß sie dies *nicht* kann, erfüllt sie eine soziale Forderung, bei der ein großer Teil der Menschheit auf der gegenwärtigen Stufe seiner Entwickelung angelangt ist. Dieser Teil der Menschheit will nicht mehr durch den wirtschaftlichen Zwang an die Arbeit gebracht werden. Er möchte aus Antrieben heraus arbeiten, welche der Würde des Menschen mehr entsprechen. Zweifellos ist diese Forderung bei vielen Menschen, an die man bei ihrer Erhebung denken muß, eine mehr oder weniger unbewußte, instinktive; aber im sozialen Leben bedeuten solche unbewußte, instinktive Impulse etwas weit Wichtigeres als die Ideen, die man bewußt vorbringt. Diese bewußten Ideen verdanken ihren Ursprung oft nur der Tatsache, daß die Menschen nicht die geistige Kraft haben, wirklich zu durchschauen, was in ihnen vorgeht. Befaßt man sich mit solchen Ideen, so bewegt man sich im Wesenlosen. Es ist deshalb notwendig, trotz dem Täuschenden solcher Oberflächenideen auf wahre Forderungen der Menschen, wie die gekennzeichnete, die Aufmerksamkeit zu richten. Andererseits ist auch nicht in Abrede zu stellen, daß niedrige menschliche Instinkte in einer Zeit, in welcher, wie in der Gegenwart, das soziale Leben wilde Wogen wirft, ihr Wesen treiben. Man wird aber die Forderung nach einem menschenwürdigen Dasein, die *berechtigt* in obigem Sinne erhoben wird, nicht ertöten, wenn man das Walten niedriger menschlicher Instinkte benützt, um auch sie anzuklagen.

Wenn eine Organisation des Wirtschaftswesens entstehen soll, die keine Wirkung auf den Arbeitswillen der Menschen haben kann, so muß diese Wirkung von einer anderen Organisation kommen. Die Idee vom dreigliedrigen sozialen Organismus trägt der Tatsache Rechnung, daß das Wirtschaftsleben auf der gegenwärtigen Entwickelungsstufe der zivilisierten Menschheit nur im Wirtschaften sich erschöpfen soll. Die Verwaltung eines solchen Wirtschaftslebens wird durch ihre Organe feststellen können, welches der Umfang der Konsumbedürfnisse ist; wie in bester Art die Erzeugnisse an die Konsumenten gebracht werden können; in welchem Umfange das eine oder andere Produkt erzeugt werden soll. Allein sie wird kein Mittel haben, in dem Menschen den Produktionswillen zu erzeugen; und sie wird auch nicht in der Lage sein, die Erziehungs- und Unterrichtseinrichtungen zu treffen, durch die jene individuellen Fähigkeiten der Menschen gepflegt werden, welche die Quelle des Wirtschaftens bilden müssen. In dem alten, bis in die Gegenwart reichenden Wirtschaftssystem pflegten die Menschen diese Fähigkeiten, weil sie sich eben der Hoffnung auf persönlichen Gewinn hingeben konnten. Es wäre ein verhängnisvoller Irrtum, wenn man glauben wollte, daß das bloße Gebot von Wirtschaftsverwaltungen, die *nur* das Wirtschaften im Auge haben, lusterweckend auf die Ausbildung von individuellen menschlichen Fähigkeiten wirken könne, und daß ein solches Gebot Kraft genug hätte, den Menschen zur Einsetzung seines Arbeitswillens zu veranlassen. Daß man sich diesem Irrtum nicht hingebe, das will die Idee vom dreigliedrigen sozialen Organismus. Sie will in dem freien, auf sich selbst gestellten Geistesleben ein Gebiet schaffen, in dem der Mensch lebensvoll verstehen lernt, was die menschliche Gesellschaft ist, für die er arbeiten soll; ein Gebiet, in dem er die Bedeutung einer Einzelarbeit im Gefüge der ganzen gesellschaftlichen Ordnung so durchschauen lernt, daß er diese Einzelarbeit wegen ihres Wertes für das Ganze *lieben* lernt. Sie will in dem freien Geistesleben die Grundlagen schaffen, die ein Ersatz sein können für den Antrieb, der aus der persönlichen Gewinnsucht kommt. Nur in einem freien Geistesleben kann eine solche Liebe zur menschlichen gesellschaftlichen Ordnung entstehen, wie sie etwa der Künstler zu dem Entstehen seiner Werke hat. Will man aber nicht daran denken, in einem freien Geistesleben eine solche Liebe zu pflegen, so gebe man nur alles Streben nach einem Neubau der sozialen Ordnung auf. Wer daran zweifelt, daß die Menschen zu solcher Liebe erziehbar sind, der *muß* auch zweifeln an der Möglichkeit, den persönlichen Gewinn aus dem Wirtschaftsleben auszuschalten. Wer nicht daran glauben kann, daß ein freies Geistesleben in dem Menschen solche Liebe erzeugt, der weiß eben nicht, daß die Abhängigkeit des Geisteslebens von Staat und Wirtschaft die Sucht nach persönlichem Gewinn hervorbringt, und daß diese Sucht *nicht* ein elementarisches Ergebnis der Menschennatur ist. Auf diesem Irrtum beruht es, daß so häufig gesagt wird, zur Verwirklichung der Dreigliederung seien andere Menschen als die gegenwärtigen nötig. Nein, die Menschen werden durch den dreigliedrigen Organismus so erzogen, daß sie anders werden, als sie bisher durch die Staatswirtschaftsordnung waren.

Und wie das freie Geistesleben die Antriebe zur Ausbildung der individuellen Fähigkeiten erzeugen wird, so wird das demokratisch orientierte Rechtsstaatsleben dem Arbeitswillen die notwendigen Impulse geben. In den wirklichen Beziehungen, die sich herstellen werden zwischen den in einem sozialen Organismus vereinigten Menschen, wenn jeder Mündige gegenüber jedem Mündigen seine Rechte regeln wird, kann es liegen, daß der Wille sich entzündet, «für die Gemeinschaft» zu arbeiten. Man sollte daran denken, daß durch solche Beziehungen ein wahres Gemeinsamkeitsgefühl erst entstehen und aus diesem Gefühl der Arbeitswille erwachsen kann. Denn in der Wirklichkeit wird ein solcher Rechtsstaat die Folge haben, daß ein jeder Mensch lebendig, mit vollem Bewußtsein, in dem gemeinsamen Arbeitsfelde darinnen steht. Er wird wissen, wofür er arbeitet; und er wird arbeiten *wollen* innerhalb der Arbeitsgemeinschaft, in die er sich *durch seinen Willen* eingegliedert weiß.

Wer die Idee des dreigliedrigen sozialen Organismus anerkennt, der durchschaut, daß die Großgenossenschaft mit staatsgemäßer Struktur, die von dem marxistischen Sozialismus angestrebt wird, keine Antriebe erzeugen kann für Arbeitsfähigkeit und Arbeitswillen. Er will, daß über der Wirklichkeit der äußeren Lebensordnung nicht die wirkliche Wesenheit des Menschen vergessen werde. Denn Lebenspraxis kann nicht bloß die Rechnung machen mit äußeren Einrichtungen; sie muß in die Rechnung einstellen, *was der Mensch ist und werden kann.*

Es scheint, daß viele Menschen deshalb sich in die Idee der Dreigliederung des sozialen Organismus nicht hineinfinden können, weil sie fürchten, diese Idee wolle in der Organisation des gesellschaftlichen Lebens auseinanderreißen, was in der Wirklichkeit in ungetrennter Einheit zusammenwirken muß. Nun ist richtig, daß der im wirtschaftlichen Leben tätige Mensch durch sein Wirtschaften in rechtliche Verhältnisse zu seinem Mitmenschen kommt, und daß sein geistiges Leben von diesen Rechtsverhältnissen abhängig ist und auch bedingt ist von seiner wirtschaftlichen Lage. Im Menschen sind diese drei Lebensbetätigungen vereinigt; indem er sein Leben führt, ist er in alle drei verstrickt.

Gibt dies aber auch einen Grund ab, daß diese drei Lebensbetätigungen von *einem* Mittelpunkte her verwaltet werden? Und bedingt es, daß alle drei nach denselben Prinzipien verwaltet werden? Im Menschen und seiner Tätigkeit fließt doch vieles zusammen, was aus den verschiedensten Quellen stammt. Er ist abhängig von den Eigenschaften, die ihm von seinen Vorfahren vererbt sind. Er denkt und handelt aber auch im Sinne dessen, was die Erziehung anderer Menschen, die nicht mit ihm verwandt sind, aus ihm gemacht hat. Wie sonderbar wäre es, wenn jemand behaupten wollte, der Mensch als Einheit würde zerrissen, weil von verschiedenen Seiten her Vererbung und Erziehung auf ihn wirken? Muß nicht vielmehr gesagt werden, daß der Mensch unvollkommen bliebe, wenn die Vererbung und die Erziehung aus *einem* Quell heraus an der Gestaltung seines Lebens arbeiteten?

Was so von Natur aus von verschiedenen Seiten her auf den Menschen einströmen muß, um gerade durch diese Verschiedenheit den Bedürfnissen seines Wesens zu entsprechen, das *versteht* man, weil das Nicht-Verstehen absurd wäre. Aber man will sich nicht einlassen auf die Erkenntnis, daß Entwickelung der geistigen Fähigkeiten, Ordnung der rechtlichen Verhältnisse, Gestaltung des wirtschaftlichen Lebens nur dann den Menschen recht in ihre Kreise aufnehmen können, wenn sie innerhalb der gesellschaftlichen Ordnung, in der er lebt, von verschiedenen Mittelpunkten her, nach verschiedenen Gesichtspunkten geregelt werden. Ein Wirtschaftsleben, das von sich aus die Rechte der wirtschaftenden Menschen ordnet und nach den in ihm waltenden Interessen die Menschen erziehen und unterrichten läßt, macht den Menschen zu einem Rade im Wirtschaftsmechanismus. Es verkümmert seinen Geist, der sich nur frei entfalten kann, wenn er sich seinen eigenen Impulsen gemäß entfaltet. Es verkümmert auch die gefühlsmäßigen Beziehungen zu seinen Mitmenschen, die nicht berührt sein wollen von der Stellung zu diesen Mitmenschen, die er durch seine wirtschaftliche Lage einnimmt; die vielmehr nach einer Regelung drängen im Sinne der Gleichheit aller Menschen in bezug auf das Reinmenschliche. – Ein Rechts- oder Staatsleben, das die Entwickelung der individuellen menschlichen Fähigkeiten verwaltet, drückt auf diese Entwickelung wie eine schwere Last; denn es wird aus den sich in ihm ergebenden Interessen heraus naturgemäß auch dann die Tendenz entwickeln, diese Fähigkeiten nach *seinen* Bedürfnissen, nicht nach deren eigener Natur zu entfalten, wenn anfangs der beste Wille dazu vorhanden ist, den Eigenartigkeiten der Menschen Rechnung zu tragen. Und ein solches Rechtsleben drängt den von ihm betriebenen Wirtschaftszweigen einen Charakter auf, der nicht aus den Wirtschaftsbedürfnissen selbst kommt. Der Mensch wird innerhalb eines *solchen* Rechtslebens geistig beengt und wirtschaftlich durch Bevormundung an der Entfaltung von Interessen behindert, die seinem Wesen angemessen sind. – Ein Geistesleben, das von sich aus Rechtsverhältnisse feststellen wollte, müßte aus der Ungleichheit der menschlichen Fähigkeiten heraus auch zu einer Ungleichheit der Rechte kommen; und es müßte seine wahre Natur verleugnen, wenn es durch die Hingabe an wirtschaftliche Interessen sich in seiner Betätigung bestimmen ließe. Der Mensch könnte in einer so gearteten Geisteskultur nicht zu einem rechten Bewußtsein davon kommen, was der Geist seinem Leben wahrhaft sein kann; denn er sähe den Geist durch Ungerechtigkeit sich entwürdigen und durch wirtschaftliche Ziele sich verfälschen.

Es ist die Menschheit der zivilisierten Welt in ihre gegenwärtige Lage dadurch gekommen, daß die drei Lebensgebiete in bezug auf vieles im Laufe der letzten Jahrhunderte zum Einheitsstaate zusammengewachsen sind. Und es besteht die Unruhe der gegenwärtigen Zeit darinnen, daß eine unübersehbar große Menge von Menschen unbewußt des eigentlichen Charakters ihres Strebens darnach drängt, diese drei Lebensgebiete im sozialen Organismus als besondere Glieder so auszubilden, daß das Geistesleben *frei* aus seinen eigenen Impulsen heraus sich gestalten kann; das Rechtsleben demokratisch auf die Auseinandersetzung – die unmittelbare oder mittelbare – einander gleichgeltender Menschen gebaut werde; das Wirtschaftsleben nur in Warenerzeugung, Warenkreislauf und Warenkonsum sich entfalte.

Man kann von verschiedenen Ausgangspunkten her zu der Einsicht kommen, daß die Dreigliederung des sozialen Organismus notwendig sei. Einer dieser Ausgangspunkte ist die Erkenntnis der Menschennatur in der Gegenwart. Man mag es vom Gesichtspunkte einer gewissen sozialen Theorie und Parteimeinung recht unwissenschaftlich und unpraktisch finden, wenn gesagt wird, daß bei der Einrichtung des menschlichen Zusammenlebens die Psychologie gefragt werden muß, insofern diese Psychologie erkennt, was der Menschennatur angemessen ist. Es wäre aber doch ein unermeßliches Unglück, wenn alle die Menschen mundtot gemacht würden, welche dieser «sozialen Psychologie» ihr Recht bei Ausgestaltung des sozialen Lebens wahren wollen. Wie es farbenblinde Menschen gibt, welche die Welt «grau in grau» sehen, so gibt es psychologieblinde Sozialreformer und Sozialrevolutionäre, welche den sozialen Organismus als Wirtschaftsgenossenschaft ausgestalten möchten, in der die Menschen selber wie mechanisierte Wesen leben. Und diese psychologieblinden Agitatoren wissen selbst nichts von ihrer Blindheit. Sie wissen ja nur das, daß es ein Rechts- und ein Geistesleben neben dem Wirtschaftsleben immer gegeben hat; und sie glauben, wenn sie das Wirtschaftsleben nach ihrem Ermessen gestalten, dann komme alles andere «von selbst». Es wird nicht kommen; es wird ruiniert werden. Darum ist die Verständigung mit den Psychologie-Blinden recht schwierig; darum ist es leider auch notwendig, daß der Kampf mit ihnen aufgenommen werde, der nicht von den Psychologie-Sehenden, sondern von ihnen ausgeht.

Ideen, die mit der Wirklichkeit rechnen, aus der die heutigen aufgeregten Menschheitsforderungen entsprungen sind, und die mit den Bedingungen im Einklang stehen, unter denen Menschen geistig, politisch und wirtschaftlich zusammenleben können, werden gegenwärtig übertönt von solchen, die nach beiden Richtungen hin lebensfremd sind. Die Menschen, die sich aus den bisherigen Lebensverhältnissen heraus nach anderen sehnen, oder die durch die Weltereignisse aus diesen Verhältnissen schon tatsächlich herausgerissen sind: sie waren bis jetzt den Kräften, welche diese Verhältnisse an die geschichtliche Oberfläche getrieben haben, so ferne gestanden, daß ihnen die Einsicht in die Wirkungsweise und Bedeutung dieser Kräfte gänzlich fehlt. Die proletarischen Massen verlangen, aus einem dumpfen Bewußtsein heraus, nach einer Änderung derjenigen Lebensverhältnisse, in welche sie sich versetzt sehen, und in denen sie eine Wirkung des von kapitalistischen Kräften verwalteten neueren Wirtschaftslebens sehen. Aber sie sind durch die Art ihrer bisherigen Mitarbeit an diesem Wirtschaftsleben nicht eingeweiht worden in die Wirkungsweise dieser Kräfte. Deshalb können sie nicht zu fruchtbaren Vorstellungen darüber kommen, in welchem Sinne diese Wirkungsweise eine Umwandlung erfahren muß. Und die intellektuellen Führer und Agitatoren der proletarischen Massen sind verblendet durch theoretisch-utopistische Ideen, welche durchaus einer sozialen Wissenschaft entstammen, die sich noch an Wirtschaftsanschauungen orientierte, die einer Umwandlung dringend bedürfen. Diese Agitatoren haben noch nicht einmal ein ahnendes Bewußtsein davon, daß sie über Politik, Wirtschaft und Geistesleben keine anderen Gedanken haben, als die «bürgerlichen Denker», die sie bekämpfen, und daß sie im Grunde nichts anderes anstreben, als die bisherigen Gedanken nicht von den Menschen verwirklichen zu lassen, die sie bis jetzt verwirklicht haben, sondern von anderen. Aber es entsteht nicht ein wahrhaft Neues dadurch, daß das Alte von anderen Menschen in einer etwas anderen Art als früher getan wird.

Zu den «alten Gedanken» gehört, das Wirtschaftsleben mit politisch-rechtlichen Machtmitteln beherrschen zu wollen. Dies ist deshalb ein «alter Gedanke», weil er einen großen Teil der Menschheit in eine Lage gebracht hat, deren Unhaltbarkeit die Weltkriegskatastrophe tatsächlich erwiesen hat. Der neue Gedanke, durch den dieser alte ersetzt werden muß, ist: die Befreiung der Wirtschaftsverwaltung von jedem politisch-rechtlichen Machteinschlag; ist: die Leitung der Wirtschaft nach Richtlinien, die sich nur aus den Quellen der Wirtschaft und aus deren Interessen heraus ergeben.

Man könne sich doch eine Gestaltung des Wirtschaftslebens nicht denken, ohne daß die wirtschaftenden Menschen in politisch-rechtlichen Beziehungen dieses Leben abwickeln. So wird von Leuten eingewendet, die zu glauben vorgeben, wer von der Dreigliederung des sozialen Organismus rede, der habe keine Einsicht in eine solche Selbstverständlichkeit. In Wahrheit will aber derjenige, der diese Einwendung erhebt, nicht darüber eine Einsicht gewinnen, welche bedeutungsvolle Tragweite es für die Umwandlung des Wirtschaftslebens haben muß, wenn die in ihm waltenden politisch-rechtlichen Anschauungen und Einrichtungen nicht innerhalb der Wirtschaft selbst nach deren Interessen geregelt werden, sondern durch eine außerhalb ihrer stehende

Leitung, die sich nur von Gesichtspunkten bestimmen lassen kann, welche im Urteilsbereich jedes mündig gewordenen Menschen liegen. Wo liegt der Grund dafür, daß auch viele sozialistisch Denkende eine solche Einsicht nicht gewinnen wollen? Er liegt darin, daß sie durch ihre Teilnahme am politischen Leben sich wohl Vorstellungen gebildet haben über die Art, wie politisch-rechtlich geleitet wird, nicht aber, wie die dem Wirtschaftsleben ureigenen Kräfte beschaffen sind. Deshalb können sie sich zwar ein Wirtschaften denken, dessen Leitung nach politisch-rechtlichen Verwaltungsgrundsätzen verfährt, nicht aber ein solches, das aus seinen eigenen Voraussetzungen und Bedürfnissen sich ordnet, und in das die von anderer Seite stammenden Rechtssatzungen hineinwirken. In einer Lage, die hiermit gekennzeichnet ist, sind die meisten Führer und Agitatoren des Proletariats. Ist dessen Masse durch die Tatsachen, die oben angeführt sind, ohne genügende Einsicht in die mögliche Umwandlungsform des Wirtschaftslebens, so sind dessen Führer nicht besser daran. *Sie* entfremden sich einer solchen Einsicht dadurch, daß sie ihr ganzes Denken aus dem Umkreis des Politischen nicht heraustreten lassen.

Eine Folge dieser Einspannung des Denkens in das einseitig Politische ist die Art, wie man auf verschiedenen Seiten die Einrichtung der Betriebsräte ins Leben rufen will. Das Streben nach einer solchen Einrichtung in der Gegenwart muß entweder im Sinne des gekennzeichneten «neuen Gedankens» erfolgen, oder es wird alle Arbeit, die auf dieses Streben gewendet wird, vergeudet sein. Der «neue Gedanke» aber verlangt, daß man in der Betriebsräteschaft eine erste Institution entstehen lasse, um die sich der «Staat» nicht kümmere, die sich bilden kann aus dem rein wirtschaftlichen Denken der am Wirtschaftsleben beteiligten Personen heraus. Und man überlasse es der in einer solchen Art entstehenden Körperschaft, die Anregung zu den Assoziationen zu geben, durch deren soziales Zusammenwirken in der Wirtschaft fortan geschehen soll, was vorher durch den egoistischen Wettbewerb Einzelner geschaffen worden ist. Auf die freie soziale Zusammengliederung der einzelnen Produktions- und Konsumtionszweige kommt es an, nicht auf die Verwaltung von Zentralstellen aus nach politischen Verwaltungsgesichtspunkten. Um die durch solche Zusammengliederung geförderte wirtschaftliche Initiative der arbeitenden Menschen, nicht um deren Bevormundung durch Ämter und Oberämter handelt es sich. Ob eine Verwaltung nach politischen Gesichtspunkten durch ein Staatsgesetz über das Wirtschaftsleben gestülpt wird, oder ob von Menschen ein «Rätesystem» für die Wirtschaft ausgedacht wird, die nur nach politischen Gesichtspunkten denken und nur nach solchen Gesichtspunkten organisieren können: das läuft auf dasselbe hinaus. Es mag unter den letzteren Menschen sogar solche geben, die theoretisch eine gewisse Selbständigkeit des Wirtschaftslebens fordern; praktisch kann sich aus ihren Forderungen nur ein Wirtschaftssystem ergeben, das in ein politisches System eingeschnürt ist; denn es ist aus politischem Denken heraus geplant. In einer den gegenwärtigen Lebensbedingungen der Menschheit entsprechenden Weise wird man über eine solche Einrichtung nur denken, wenn man eine genaue Vorstellung davon hat, wie sich *neben* dem Wirtschaftssystem das staatlich-rechtliche und das geistige Glied des sozialen Organismus sachgemäß entwickeln sollen. Denn man wird sich ein Bild des selbständigen Wirtschaftslebens nur machen können, wenn man in der Gesamtgestalt des sozialen Organismus das an seinem rechten Orte sieht, was in dem Wirtschaftskreislauf *nicht* sein soll. Sieht man die rechten Orte für die Entfaltung des geistigen und des rechtlichen Lebens nicht, so wird man immer versucht sein, beides in irgendeiner Art mit dem Wirtschaftsleben zu verschmelzen.

WAS «NEUER GEIST» FORDERT

An den unfruchtbaren Diskussionen, die gegenwärtig in vielen Kreisen über die Betriebsräte gepflogen werden, kann man deutlich wahrnehmen, wie wenig noch Verständnis vorhanden ist für die Forderungen, die der Menschheit aus ihrer geschichtlichen Entwickelung heraus für Gegenwart und nächste Zukunft erwachsen sind. Von der Einsicht, daß in Demokratie und sozialer Lebensgestaltung zwei im Menschenwesen der neueren Zeit selbst liegende Antriebe sich ausleben wollen, davon ahnen die meisten von denen, die in solchen Diskussionen mitreden, nichts. Beide Antriebe werden so lange beunruhigend und zerstörend im öffentlichen Leben wirken, bis man es zu Einrichtungen bringt, in denen sie sich entfalten können, aber der soziale Antrieb, der im Wirtschaftskreislauf wird leben müssen, kann sich, seinem Wesen nach, nicht demokratisch offenbaren. Ihm kommt es darauf an, daß die Menschen im wirtschaftlichen Produzieren den rechtmäßigen Bedürfnissen ihrer Mitmenschen Rechnung tragen. Eine von diesem Antrieb geforderte Regelung des Wirtschaftskreislaufes muß auf das gebaut sein, was die wirtschaftenden Personen füreinander tun. Diesem Tun aber müssen *Verträge* zugrunde liegen, die herauswachsen aus den wirtschaftlichen Positionen der wirtschaftenden Menschen. Zum Abschluß dieser Verträge ist, wenn sie sozial wirken sollen, zweierlei nötig. Erstens müssen sie entspringen können aus der freien, auf Einsicht ruhenden Initiative der Einzelmenschen; zweitens müssen diese einzelnen Menschen in einem Wirtschaftskörper leben, in dem die Möglichkeit gegeben ist, durch solche Verträge die Leistung des Einzelnen in der denkbar besten Weise der Gesamtheit zuzuführen. Die erste Forderung kann nur erfüllt werden, wenn sich kein politisch gearteter Verwaltungseinfluß zwischen den wirtschaftenden Menschen und sein Verhältnis zu den Quellen und Interessen des Wirtschaftslebens stellt. Der zweiten Forderung wird Rechnung getragen, wenn Verträge nicht nach den Forderungen des ungeregelten Marktes, sondern nach den Bedingungen geschlossen werden, die sich ergeben, indem sich den Bedürfnissen gemäß Betriebszweige untereinander und mit Konsumgenossenschaften assoziieren, so daß die Warenzirkulation im Sinne dieser Assoziationen verläuft. Durch das Bestehen dieser Assoziationen ist den wirtschaftenden Personen der Weg vorgezeichnet, den sie in jedem einzelnen Falle zur *vertraglichen* Regelung ihrer Tätigkeit nehmen sollen.

Für ein in dieser Art gestaltetes Wirtschaftsleben gibt es kein Parlamentarisieren. Es gibt nur das fachkundige und fachtüchtige Stehen in einem Betriebszweige und das Verbundensein der eigenen Position mit andern in der sozial zweckmäßigsten Weise. Was innerhalb eines solchen Wirtschaftskörpers geschieht, das wird nicht durch «Abstimmungen» geregelt, sondern durch die Sprache der Bedürfnisse, die durch ihr eigenes Wesen auf das eingeht, was durch den fachkundigsten und fachtüchtigsten Menschen geleistet und durch föderativen Zusammenschluß an den rechten Ort seines Verbrauches geleitet wird.

Aber wie im natürlichen Organismus das eine Organsystem sich durch seine eigene Tätigkeit auflösen müßte, wenn es nicht durch ein anderes reguliert würde, so muß auch das eine Glied des sozialen Organismus durch andere reguliert werden. Was durch die wirtschaftenden Menschen im Wirtschaftskörper geschieht, müßte im Laufe der Zeit zu den seiner Wesenheit entsprechenden Schädigungen führen, wenn nicht durch die politisch-rechtliche Organisation, – die ebenso sicher auf demokratischer Grundlage ruhen *muß*, wie dies das Wirtschaftsleben nicht *kann* – der Entstehung solcher Schädigungen entgegengearbeitet würde. Im demokratischen Rechtsstaate ist das Parlamentarisieren berechtigt. Was da entsteht, das wirkt in der wirtschaftenden Betätigung der Menschen ausgleichend auf die Neigung des Wirtschaftslebens, zu Schädigungen zu führen. Wollte jemand das Wirtschaftsleben selbst in die Verwaltung der Rechtsstruktur einspannen, so benähme er ihm seine Tüchtigkeit und seine Beweglichkeit. Das Recht muß von den wirtschaftenden Menschen von einer außerhalb des Wirtschaftslebens liegenden Stelle *empfangen* und im Wirtschaftsleben nur *angewendet* werden.

Die Erörterung über solche Dinge müßte da gepflogen werden, wo man sich mit der Einrichtung von Betriebsräten beschäftigt. Statt dessen herrscht da ein Herumreden von Gesichtspunkten aus, die dem alten Prinzip entsprechen, die politische Gesetzgebung nach den Interessen der wirtschaftenden Gruppen zu gestalten. Daß gegenwärtig eben andere Gruppen nach diesem Prinzip verfahren wollen als früher, das ändert nichts an der Tatsache, daß ein *neuer Geist* heute da noch fehlt, wo man seiner schon dringend bedürftig ist.

Es liegen die Verhältnisse heute so, daß erst dann eine Gesundung des öffentlichen Lebens eintreten kann, wenn von einer genügend großen Anzahl von Menschen die wahren sozialen, politisch-rechtlichen und geistigen Forderungen der Gegenwart durchschaut werden. Von Menschen, die den guten Willen und die Kraft haben, anderen das auf diesem Felde notwendige Verständnis zu vermitteln. Aber die Dinge stehen auch so, daß die noch vorhandenen Hemmnisse für diese Gesundung verschwinden werden in dem Maße, als sich die hier charakterisierte Einsicht verbreitet. Denn es ist nur ein politisch-sozialer Aberglaube, daß diese Hemmnisse objektiver, außerhalb der menschlichen Einsicht liegender Wesenheit sind. Das behaupten nur diejenigen, die niemals begreifen, welches das wirkliche Verhältnis von Idee und Praxis ist. Solche Menschen sagen: die Idealisten haben ja wohl gute oder gutgemeinte Ideen; aber, «so wie die Dinge einmal liegen, lassen sich diese Ideen nicht verwirklichen». Nein, so ist es nicht, sondern so, daß für die Verwirklichung gewisser Ideen in der Gegenwart das einzige Hindernis diejenigen Menschen bilden, welche den eben gekennzeichneten Glauben und dazu die Macht haben, im Sinne dieses Glaubens hemmend zu wirken. Und eine solche Macht haben auch diejenigen, mit denen die Volksmassen aus früheren Parteigruppierungen heraus als mit ihren «Führern» zusammengeschlossen sind, und denen sie gehorsam folgen. Daher ist eine Grundbedingung der Gesundung die Auflösung dieser Parteigruppierungen und die Hebung des Verständnisses für Ideenbildungen, die aus der praktischen

Einsicht selbst herauswachsen ohne allen Zusammenhang mit Partei- und Gruppenmeinungen von ehemals. Es ist eine brennende Frage der Gegenwart, daß Mittel und Wege gefunden werden, an die Stelle der Parteimeinungen diese unabhängigen Ideenbildungen zu setzen, die Kristallisationskerne abgeben können für den Zusammenschluß von Menschen von allen Parteiseiten her. Von solchen Menschen, die in der Lage sind, zu erkennen, daß die bestehenden Parteien sich überlebt haben, und daß die sozialen Zustände der Gegenwart ein vollgültiger Beweis für diese Überlebtheit sind.

Es ist begreiflich, daß den Menschen, denen diese Erkenntnis nottut, sie nicht leicht wird. Den Massen nicht, weil deren Angehörige nicht Zeit und Muße und oftmals nicht die Vorschulung haben, die erforderlich sind. Den Führern nicht, weil ihre Vorurteile und ihre Macht in dem wurzeln, was sie bisher vertreten haben. Daß dieses beides besteht, macht die Verpflichtung nur um so dringlicher, über die Parteitraditionen der Gegenwart *hinaus, nicht innerhalb* derselben, den wahren Fortschritt der Menschheit zu suchen. Es genügt heute nicht, bloß zu wissen, was an die Stelle des Bisherigen an Einrichtungen treten soll; es ist notwendig, daran zu arbeiten, die neuen Ideenbildungen in eine solche Richtung zu bringen, daß sie die Auflösung des alten Parteiwesens so schnell als möglich bewirken und zum Streben der Menschen nach neuen Zielen führen. Wer dazu nicht den Mut hat, der kann nichts beitragen zur Gesundung des sozialen Lebens; und wer den Aberglauben hat, solches Streben sei eine Utopie, der baut auf einen Boden, der im Einsinken ist.

Über den Profit des wirtschaftlichen Unternehmers bestehen einander bekämpfende Ansichten. Seine Verteidiger sagen, der Mensch ist so geartet, daß er für irgendeine der Gesamtheit dienende Unternehmung seine Fähigkeiten nur einsetzt, wenn er durch die Aussicht auf den Profit dazu veranlaßt wird. Daher entspringe zwar der Profit aus dem Egoismus; aber er leiste der Gesamtheit Dienste, die sie entbehren müßte, wenn sie ihn aus dem Wirtschaftskreislauf ausschalten würde. Die Bekämpfer dieser Ansicht sagen, es soll nicht produziert werden, um zu profitieren, sondern um zu konsumieren. Man müsse Einrichtungen treffen, deren Wesen darin besteht, daß Menschen ihre Kräfte zum Nutzen der Gesamtheit gebrauchen, auch wenn sie dazu nicht durch die Aussicht auf Profit verlockt werden.

Mit solchen sich widerstreitenden Meinungen geht es im öffentlichen Leben zumeist so, daß man sie nicht zu Ende denkt, sondern die Macht über sie entscheiden läßt. Ist man demokratisch gestimmt, so findet man berechtigt, daß Einrichtungen verwirklicht werden, oder, wenn sie bestehen, verwirklicht bleiben, die den Interessen und Wünschen der Mehrheit entsprechen. Ist man eigensinnig von der Rechtmäßigkeit dessen überzeugt, was den eigenen Wünschen und Interessen gemäß ist, so strebt man nach einer autoritativen Zentralgewalt, welche Einrichtungen trifft, die im Sinne dieser Wünsche und Interessen gehalten sind. Man will dann nur selbst auf diese Zentralgewalt so viel Einfluß gewinnen, daß durch sie geschieht, was man erstrebt. Was man heute «Diktatur des Proletariats» nennt, entspringt dieser Gesinnung. Die es fordern, tun dies aus ihren Wünschen und Interessen heraus; sie versuchen nicht durch ein wirklichkeitsgemäßes Denken zu erfahren, ob ihre Forderung auf Einrichtungen hinzielt, die in sich sachlich möglich sind.

Die Menschheit steht gegenwärtig in einem Punkte ihrer Entwickelung, in dem ein solches Wirken im Zusammenleben der Menschen, das nur auf Geltendmachung des Gewünschten geht, nicht mehr möglich ist. Ganz unabhängig von dem, was dieser oder jener Mensch, diese oder jene Menschengruppe will: im Bereich des öffentlichen Lebens werden von der Gegenwart an nur Bestrebungen gesund wirken, die von Gedanken ausgehen, welche zu Ende gedacht sind. Wie stark man sich auch aus der menschlichen Leidenschaft heraus wehren mag, dieses von dem Geiste der Menschheit geforderte Wirken zu Ende gedachter Ideen in das Leben eintreten zu lassen: man wird sich zuletzt zu ihm wenden müssen, weil man sehen wird, daß sein Gegenteil sozial ungesunde Folgen hat.

In dem Sinne von zu Ende gedachten Gedanken ist die Ansicht von der notwendigen Dreigliederung des sozialen Organismus gehalten. Mit dieser Absicht stimmt es allerdings schlecht zusammen, daß unter den Bekämpfern dieser Ansicht viele sind, die sie unklar finden. Dies rührt davon her, daß solche Bekämpfer für ihre eigenen Gedanken nicht Klarheit erstreben, sondern lediglich die Übereinstimmung mit ihren Interessen, Wünschen und Vorurteilen. Stehen sie dann Gedanken gegenüber, die Sachliches zu Ende denken, dann tritt ihnen nichts anderes vor Augen, als der Widerstreit mit dem von ihnen Gemeinten; und sie rechtfertigen sich unklar vor sich selbst, indem sie das ihnen Widerstreitende unklar finden.

In die Beurteilung der wirtschaftlichen Bedeutung des

Profites drängen sich Meinungen ein, die sachlich nicht berechtigt sind. Gewiß ist auf der einen Seite, daß das Profitstreben egoistisch ist. Unzulänglich aber ist, mit diesem Egoismus als mit einem Urteilsgrunde zu rechnen, wenn man daran denkt, den Profit aus dem Wirtschaftskreislauf auszuschalten. Denn in diesem Kreislauf muß etwas sein, an dem man erkennt, ob für ein erzeugtes Gut ein Bedürfnis vorhanden ist. In der gegenwärtigen Wirtschaftsform kann diese Erkenntnis einzig aus der Tatsache geschöpft werden, daß das Gut Profit abwirft. Ein Gut, das Profit abwirft, der im wirtschaftlichen Zusammenhang genügend groß ist, kann produziert werden; ein solches, das keinen Profit abwirft, soll nicht erzeugt werden, denn es muß ein Störenfried werden in der Preisausgleichung der zirkulierenden Güter. Der Profit mag in ethischer Beziehung was immer bedeuten; in wirtschaftlicher Beziehung ist er in der hergebrachten Wirtschaftsform das Erkennungszeichen für die Notwendigkeit der Erzeugung eines Gutes.

Für die Fortentwickelung des Wirtschaftslebens handelt es sich darum, den Profit aus dem Grunde auszuschalten, weil er die Gütererzeugung dem Zufall des Marktes ausliefert, den zu beseitigen eine Forderung des Geistes der Zeit ist. Man umnebelt sich aber das gesunde Urteil, wenn man in die Bekämpfung des Profits den Hinweis auf seine egoistische Natur einfließen läßt. Denn im Leben kommt es darauf an, daß man in einem Wirklichkeitsgebiete diejenigen Gründe geltend macht, die in diesem Gebiete sachlich berechtigt sind. Gründe, die aus einem andern Gebiete kommen, mögen noch so richtig an sich sein: das notwendige Urteil können sie nicht in die sachlich bedingte Richtung bringen.

Für das Wirtschaftsleben handelt es sich darum, daß das Erkennungszeichen des Profits abgelöst werde durch das Wirken von Personen, die in dem Wirtschaftskreislauf mit der Aufgabe eingeschaltet werden, die Vermittlung zwischen Konsum und Produktion in vernunftgemäßer Weise zu besorgen, so daß der Zufall des Marktes wegfällt. Die rechte Einsicht in diese Umwandlung von Profiterkennungszeichen in vernunftgemäßes Handeln ergibt, daß diejenigen Motive, die bisher in unklarer Weise das Urteil auf diesem Felde getrübt haben, aus dem Wirtschaftsleben ausgeschieden und auf die Gebiete des Rechts- und des Geisteslebens übergeführt werden.

Erst wenn man einsehen wird, wie die Idee von der Dreigliederung des sozialen Organismus ihre Gestaltung aus dem Streben erhalten hat, für ein sach- und fachgemäßes Handeln auf den verschiedenen Gebieten des Lebens die gesunden Grundlagen zu schaffen, wird man diese Idee gerecht beurteilen und ihren praktischen Wert richtig einschätzen. Solange ungeordnet rechtsgemäße und geistgetragene Antriebe aus Verwaltungseinrichtungen des Wirtschaftslebens kommen sollen, die nur praktisch sein können, wenn in ihnen nichts als sachliches und fachtüchtiges Urteilen und Handeln herrscht, kann das soziale Leben nicht gesunden. In den Parteigruppierungen der Gegenwart walten Motive, die sich von den gekennzeichneten Forderungen des Geistes der Zeit noch ferne halten. Das bewirkt, daß die in diesen Parteigruppierungen bestehenden Meinungen die Idee von der Dreigliederung des sozialen Organismus mit Vorurteilen aufnehmen müssen. Aber notwendig ist, daß der Glaube schwinde, man könne eine Umwandlung ungesunder sozialer Zustände heute bewirken durch die weitere Betätigung der alten Parteibestrebungen. Woran man vielmehr zu allererst zu denken hat, ist die Umwandlung der Parteimeinungen selbst. Dazu ist aber nicht das der Weg, daß sich von den bestehenden Parteien Teile abspalten, deren Angehörige dann vorgeben, die «rechte» Parteimeinung zu vertreten, und die den anderen vorwerfen, die «rechte Anschauung» verlassen zu haben. Denn dies führt aus dem Streit um Parteimeinungen zu dem noch übleren um die Macht bestimmter Personengruppen. Gebraucht aber wird in der Gegenwart unbefangene Einsicht in die Forderungen des «Geistes der Zeit».

GEISTESPFLEGE UND WIRTSCHAFTSLEBEN

Von «Sozialisierung» reden heute viele Menschen so, als ob damit eine Summe von äußeren Einrichtungen im Staate oder in dem gesellschaftlichen Zusammenleben gemeint sein könnte, durch die gewisse Forderungen der neueren Menschheit ihre Erfüllung finden sollen. Man stellt sich vor, diese Einrichtungen seien jetzt noch nicht da; deswegen herrsche soziale Unzufriedenheit und Wirrnis. Wenn sie einmal da sein werden, dann müsse ein geordnetes soziales Zusammenleben und Zusammenwirken der Menschen eintreten. Daß sich viele einer solchen Meinung, mehr oder weniger deutlich bewußt, hingeben, ist der Grund, aus dem heraus sich viele schädliche Vorstellungen über die «soziale Frage» entwickeln. Denn man kann nicht äußere Einrichtungen so gestalten, daß *diese* durch sich den Menschen ein sozial befriedigendes Leben ermöglichen. Solche Einrichtungen werden technisch gut sein, wenn durch sie in der zweckmäßigsten Art Güter erzeugt und dem menschlichen Gebrauche zugeführt werden können. Sozial gut werden sie aber erst dann, wenn in ihnen sozial gesinnte Menschen die erzeugten Güter im Dienste der Gemeinschaft verwalten. Wie auch die Einrichtungen sein mögen: es ist immer ein Wirken von Menschen oder Menschengruppen denkbar, das antisozialen Charakter trägt.

Man sollte sich nicht der Illusion hingeben, daß ohne «sozial gestimmte» Menschen ein sozial befriedigender Lebenszustand herbeigeführt werden könne. Denn eine solche Illusion ist für die wirklich praktischen sozialen Ideen ein Hindernis. Die Idee von der Dreigliederung des sozialen Organismus strebt nach völliger Freiheit von einer derartigen Illusion. Es ist daher begreiflich, daß sie von allen denen heftig befehdet wird, die heute noch im trüben Nebel dieser Illusion leben. In dem einen der drei Glieder des sozialen Organismus strebt diese Idee ein Zusammenwirken von Menschen an, das ganz auf den freien Verkehr und die freie Vergesellschaftung von Individualität zu Individualität begründet ist. In keine vorbestimmte Einrichtung werden da die Individualitäten hineingezwängt. Wie sie einander stützen und fördern, das soll lediglich daraus sich ergeben, was der eine dem andern durch seine Fähigkeiten und Leistungen sein kann. Es ist nicht weiter verwunderlich, daß sich viele Menschen gegenwärtig noch gar nichts anderes vorstellen können, als daß bei solch freier Gestaltung der menschlichen Verhältnisse im geistigen Gliede des sozialen Organismus nur anarchische Zustände innerhalb desselben sich ergeben müßten. Wer so denkt, der weiß eben nicht, welche Kräfte der innersten Menschennatur dadurch an ihrer Entfaltung verhindert werden, daß der Mensch in die Schablonen hinein entwickelt wird, die ihn vom Staats- oder Wirtschaftsleben aus formen. *Solche* Kräfte der innersten Menschennatur können nicht durch Einrichtungen entfaltet werden, sondern allein dadurch, daß Menschenwesen auf Menschenwesen in völliger Freiheit wirkt. Und was da entfaltet wird, das wirkt nicht antisozial, sondern sozial. Das sozial wirksame, menschliche Innere wird nur verkümmert, wenn Instinkte vererbt oder anerzogen werden, die von staatlicher Bevorrechtung oder wirtschaftlicher Übermacht herrühren.

Der dreigliedrige soziale Organismus wird durch sein geistiges Glied fortwährend Quellen bloßlegen für soziale Antriebe. Diese werden die rechtlichen Beziehungen der Menschen, die im demokratischen Staate ihre Regelung finden sollen, mit sozialem Geiste durchtränken, und sie werden auch in die Führung des Wirtschaftslebens diesen Geist hineintragen.

Im Wirtschaftskreislauf wird durch die Lebensformen der neueren Zeit die Tendenz nach dem Antisozialen nicht zu verhindern sein. Denn es wird der Gemeinschaft am besten gedient, wenn ungehemmt der einzelne seine Fähigkeit zum Gedeihen dieser Gemeinschaft anwenden kann. Dazu aber ist notwendig, daß dieser einzelne Kapital ansammeln, und daß er auch mit andern sich frei vereinigen kann zur wirtschaftlichen Auswertung dieses Kapitales. Sozialistische Illusion hat geglaubt, daß diese immer mehr angesammelten Kapitalmassen zuletzt von ihren Privatbesitzern einfach an die Gemeinschaft übergehen könnten und sich dadurch eine sozialistische Gesellschaftsordnung verwirklichen müßte. In Wahrheit müßte durch solchen Übergang die wirtschaftliche Fruchtbarkeit des Kapitals verlorengehen; denn diese beruht auf den individuellen Fähigkeiten der einzelnen. Man sollte sich rückhaltlos eingestehen: Der Wirtschaftskreislauf wird dann am lebenskräftigsten sein, wenn ihm auf seinem eigenen Gebiete die Tendenz zum Antisozialen nicht genommen wird; dafür ihm aber fortdauernd aus einem anderen Gebiete, dem geistigen Gliede des sozialen Organismus, Kräfte zugeführt werden, welche das entstehende Antisoziale wieder zum Sozialen zurückbringen.

In meinen «Kernpunkten der sozialen Frage» habe ich versucht, zu zeigen, daß eine wahrhaft soziale Denkungsart nicht anstreben kann die Überführung der Kapitalverwaltung durch den einzelnen oder durch die Menschengruppe in diejenige durch die Gemeinschaft; sondern daß, im Gegenteil, der einzelne die Möglichkeit haben müsse, ungehemmt seine Fähigkeiten durch Kapitalverwertung in den Dienst der Gemeinschaft zu stellen, und daß, wenn dieser einzelne seine Fähigkeiten nicht mehr auf die Kapitalverwertung wenden will oder kann, diese übertragen werden müsse auf einen andern, der gleiche Fähigkeiten hat. Diese Übertragung soll nicht durch staatliche Bevorrechtung oder wirtschaftliche Macht bewirkt werden, sondern durch das auf Grund der Erziehung im freien Geistesleben erworbene Herausfinden desjenigen als Nachfolger, der vom sozialen Gesichtspunkte der geeigneteste ist.

Der in dieser Art von der Heilung unserer sozialen Zustände spricht, sieht im Geiste den Hohn aller derer, die sich heute als Lebenspraktiker ansehen. Er muß diesen Hohn zunächst ertragen, obwohl er weiß, daß die Gesinnung der also Höhnenden die furchtbare Menschheitskatastrophe der letzten Jahre heraufgeführt hat. Dieser

Hohn wird noch einige Zeit andauern können. Dann aber werden selbst die verbohrtesten Menschen dieser Art nicht mehr standhalten gegenüber der Lehre der sozialen Tatsachen. Die Phrase wird dann verstummen müssen, daß Vorschläge wie der von der Dreigliederung gut gemeint sein mögen, daß aber zu ihrer Durchführung die «Menschen nicht da sind». Die Präger dieser Phrase sind allerdings nicht «dazu da». So mögen sie sich doch zurückziehen und durch ihre brutale Macht diejenigen am fruchtbaren Arbeiten nicht hindern, die gerne dafür sorgen möchten, daß in einem freien Geistesleben die sozialen Triebe der Menschen zur Entfaltung kommen.

RECHT UND WIRTSCHAFT

Unter den mancherlei Einwendungen, welche gegen die Idee von der Dreigliederung des sozialen Organismus gemacht werden können, ist eine, die man etwa in der folgenden Art vorbringen kann. Die Anstrengungen der politisch Denkenden in der neueren Zeit liefen auf einem gewissen Felde darauf hinaus, Rechtszustände zu schaffen, welche den wirtschaftlichen Produktionsverhältnissen, die sich im Laufe dieser Zeit ergeben haben, Rechnung tragen. All die Arbeit, welche nach dieser Richtung geleistet worden ist, so kann man sagen, läßt die Idee von der Dreigliederung unberücksichtigt und will einfach das Rechtsleben loslösen vom Wirtschaftsleben.

Wer diesen Einwand erhebt, der glaubt mit ihm diese Idee von der Dreigliederung als etwas abfertigen zu können, das die Erfahrungen der Lebenspraktiker in den

Wind schlägt und das ohne diese Erfahrungen an der Gestaltung des sozialen Lebens mitwirken will. In Wahrheit ist aber das Umgekehrte vorliegend. Die Gegner der Dreigliederung sagen: Man sollte die Schwierigkeiten in Erwägung ziehen, die sich bei allen Versuchen ergeben haben, für die modernen Produktionsverhältnisse entsprechende Rechtszustände zu finden. Man sollte bedenken, welche Widerstände diejenigen gefunden haben, die solche Versuche gemacht haben. Der Bekenner der Dreigliederung aber muß sagen: Gerade diese Schwierigkeiten sind ein Beweis dafür, daß man auf dem unrichtigen Wege gesucht hat. Man wollte durchaus eine solche Gestaltung des gesellschaftlichen Lebens finden, in der sich aus dem einheitlich geordneten Wirtschafts- und Rechtswesen heraus die Erfüllung gewisser neuzeitlicher Forderungen ergibt. Aber man sollte sehen, daß im Wirtschaftsleben, wenn es zweckmäßig geführt wird, Zustände entstehen, die dem Rechtsbewußtsein entgegenwirken müssen, wenn nicht *außerhalb* des Wirtschaftskreislaufes dieser Wirkung entgegengearbeitet wird. Für das Wirtschaftsleben besteht ein Interesse daran, daß Personen oder Personengruppen, die für einen Produktionsbetrieb besonders befähigt sind, zu Kapitalansammlungen für diesen Betrieb kommen können. Denn nur durch das, was von befähigten Menschen durch die Verwaltung großer Kapitalmassen auf gewissen Gebieten geleistet wird, kann in der Gegenwart der Allgemeinheit am besten gedient werden. Aber dieser Dienst kann, nach dem Wesen des Wirtschaftslebens, nur darin bestehen, daß für diese Allgemeinheit am besten die Güter erzeugt werden, die sie braucht. Mit dieser Gütererzeugung wird nun den Menschen, die ihr dienen, eine gewisse wirtschaftliche Macht in die Hände gespielt. Daß dies nicht anders sein *kann,* damit rechnet die Idee von der Dreigliederung. Deshalb will sie, daß soziale Zustände erstrebt werden, in denen diese Macht zwar entstehen kann, aber in denen durch sie keine sozialen Schäden sich bilden können. Die Ansammlung von Kapitalmassen bei einzelnen will sie nicht unterbinden, weil sie einsieht, daß damit auch die Möglichkeit verschwinden würde, die Fähigkeiten dieser einzelnen in den sozialen Dienst der Allgemeinheit zu stellen. Aber sie will, daß in dem Augenblicke, in dem der einzelne nicht mehr die Verwaltung der in seinem Machtbereich befindlichen Produktionsmittel besorgen kann, diese übergeleitet werden auf einen anderen Befähigten. Dieser soll sie nicht durch seine wirtschaftlichen Machtmittel erwerben können, sondern durch die Tatsache, daß er der Befähigtste ist. Das läßt sich aber nur verwirklichen, wenn die Übertragung nach Gesichtspunkten erfolgt, die mit den wirtschaftlichen Machtmitteln nichts zu tun haben. Solche Gesichtspunkte können sich nur ergeben, wenn die Menschen mit ihren Interessen auch noch in anderen als in den wirtschaftlichen Lebenskreisen drinnenstehen. Ist Mensch und Mensch verbunden auf einem Rechtsboden, der andere als wirtschaftliche Interessen erzeugt, so werden sich diese Interessen geltend machen können. Geht der Mensch ganz auf in den Interessen, die *nur* das Wirtschaftsleben erzeugt, so entstehen jene anderen Interessen gar nicht. Soll der im Besitze von Produktionsmitteln Befindliche überhaupt das Gefühl entwickeln, daß nicht derjenige in einer wirtschaftlichen Position am besten wirkt, der diese durch seine wirtschaftliche Macht erwirbt, sondern durch seine Befähigung, so muß dieses Gefühl heranwachsen auf einem Lebensboden, der neben dem wirtschaftlichen geschaffen wird. Auf seinem eigenen Boden erzeugt das Wirtschaftsleben wohl den Sinn für wirtschaftliche Macht, aber nicht zugleich denjenigen für soziales Recht. Deshalb *mußten* die Versuche scheitern, aus dem wirtschaftlichen Denken selbst das soziale Recht hervorzuzaubern.

Mit solchen in der Wirklichkeit des Lebens begründeten Dingen rechnet die Idee von der Dreigliederung des sozialen Organismus. Für sie ist die Erfahrung maßgebend, welche diejenigen gemacht haben, die moderne Rechtsverhältnisse für die modernen Wirtschaftsformen schaffen wollten. Aber sie wird durch diese Erfahrungen nicht dazu geführt, zu den vielen gescheiterten Versuchen einen neuen hinzuzufügen, der in demselben Sinne gehalten ist. Sie will soziale Rechte nicht aus einem Lebensgebiete entstehen lassen, aus denen sie nicht entstehen können, sondern sie will, daß das *Leben* sich bilde, aus dem heraus diese Rechte erst hervorgehen können. Der Wirtschaftskreislauf hat in der neueren Zeit dieses Leben verschlungen; es muß aus ihm erst wieder befreit werden. Die Idee von der Dreigliederung kann nur durchschaut werden, wenn man sich darauf einläßt, zu verstehen, wie das Wirtschaftsleben fortwährend die Korrektur seiner eigenen Kräfte von außen braucht, wenn es in sich nicht Wirkungen erzeugen soll, die es hemmen. Eine solche Korrektur wird ihm zugeführt, wenn neben ihm ein selbständiges Geistesleben und ein selbständiger Rechtsboden für die Zuführung sorgen. Dadurch wird nicht die *Einheit* des gesellschaftlichen Lebens zerstört, sondern in Wahrheit erst im rechten Sinne hervorgerufen. Diese Einheit wird nicht dadurch bewirkt, daß man sie durch eine zentrale Macht ordnet, sondern dadurch, daß man sie aus dem Zusammenwirken derjenigen Kräfte entstehen läßt, die als einzelne für sich leben wollen, um das Leben eines Ganzen zu bewirken. Man sollte die Erfahrungen, die man mit den Versuchen gemacht hat, für das neuere Wirtschaftsleben aus diesem selbst heraus Rechtsverhältnisse zu schaffen, also nicht so betrachten, daß man aus ihnen Einwände gegen die Dreigliederung formt; sondern man sollte einsehen, daß diese Erfahrungen auf geradem Wege dahin führen, die Idee der Dreigliederung als die von dem modernen Leben geforderte anzuerkennen.

SOZIALER GEIST UND SOZIALISTISCHER ABERGLAUBE

Wenn die Ursachen der modernen sozialen Bewegung besprochen werden, so weist man unter anderem darauf hin, daß weder der Besitzer der Produktionsmittel noch der Arbeiter an denselben in der Lage ist, dem Erzeugnis etwas mitzuteilen, was aus einem unmittelbaren persönlichen Interesse an demselben stammt. Der Besitzer der Produktionsmittel läßt die Erzeugnisse herstellen, weil sie ihm Gewinn bringen; der Arbeiter, weil er seinen Lebensunterhalt verdienen muß. Eine Befriedigung an dem hergestellten Produkte als solchem hat weder der eine noch der andere. Man trifft in der Tat einen wesentlichen Teil der sozialen Frage, indem man in dieser Art auf den Mangel eines persönlichen Verhältnisses der Erzeuger zu ihren Erzeugnissen in der modernen Wirtschaftsordnung hindeutet. Aber man wird sich auch bewußt werden müssen, daß dieser Mangel die notwendige Folge der neueren Technik und der damit verbundenen Mechanisierung der Arbeitsweise ist. Er kann innerhalb des Wirtschaftslebens selbst nicht beseitigt werden. Was im Großbetrieb bei weitgehender Arbeitsteilung hergestellt wird, kann dem Hersteller nicht so nahe liegen wie dem mittelalterlichen Handwerker sein Produkt. Man wird sich damit abfinden müssen, daß für einen großen Teil der menschlichen Arbeit die Art des Interesses, die früher vorhanden war, dahin ist. Man sollte aber auch darüber sich klar sein, daß der Mensch nicht ohne Interesse arbeiten kann. Zwingt ihn das Leben dazu, so fühlt er sein Dasein als öde und unbefriedigend.

Wer es ehrlich mit der sozialen Bewegung meinen will, der muß daran denken, für das hingeschwundene Interesse ein anderes zu finden. Man wird dazu aber nicht imstande sein, wenn man den Wirtschaftsprozeß zum alleinigen Inhalt des sozialen Organismus und die rechtliche Ordnung und das geistige Leben zu einer Art Anhang desselben machen will. In einer marxistisch geregelten wirtschaftlichen Großgenossenschaft mit Rechtsordnung und Geistesleben als «ideologischen Überbau» müßte die völlige Interesselosigkeit an aller Arbeit das Menschenleben zur Qual machen. Die eine solche Großgenossenschaft herbeiführen wollen, bedenken nicht, daß zwar einige Begeisterung erweckt werden kann, durch den Reiz des Strebens nach einem solchen Ziele, daß aber, sobald es verwirklicht ist, dieser Reiz aufhört und das Eingespanntsein in einen unpersönlichen Gesellschaftsmechanismus alles aus den Menschen auspumpen müßte, das im Lebenswillen sich offenbart. Daß ein derartiges Ziel breite Volksmassen begeistern kann, ist nur ein Ergebnis davon, daß mit dem Schwinden des Interesses an den Arbeitsprodukten nicht das Wachstum eines anderen

Interesses Platz gegriffen hat. – Die Erweckung eines solchen Interesses müßten sich diejenigen zur Aufgabe machen, die gegenwärtig durch ihren vererbten Anteil an der Geistesbildung noch in der Lage sind, über die bloß wirtschaftlichen Bedürfnisse des Menschen hinaus an gesellschaftliche Güter denken zu können. Diese müßten zur Einsicht sich bequemen, daß zwei Interessenkreise an die Stelle des alten an der Arbeit treten müssen. In einer auf Arbeitsteilung beruhenden Gesellschaftsordnung kann die Arbeit auch dann, wenn sie um ihrer selbst willen nicht befriedigt, dies dadurch, daß man sie verrichtet um des Interesses willen, das man an denen hat, für welche man sie leistet. Dieses Interesse aber muß in lebendiger Gemeinschaft entwickelt werden. Eine Rechtsordnung, in welcher der einzelne Mensch als gleicher unter gleichen darinnen steht, erweckt das Interesse für die Mitmenschen. Man arbeitet in einer solchen Ordnung für die andern, weil man das Verhältnis seiner selbst zu ihnen lebendig begründet. Aus der Wirtschaftsordnung heraus wird man nur gewahr, was die andern von einem verlangen; in der lebendigen Rechtsordnung wird der eine dem andern wertvoll aus Quellen der Menschennatur heraus, die sich damit nicht erschöpfen, daß die Menschen einander brauchen, um für die Bedürfnisse die entsprechenden Güter zu schaffen.

Zu diesem Interessenkreis, der aus einer gegenüber dem Wirtschaftsleben selbständigen Rechtsordnung sich ergibt, muß noch ein anderer treten. Ein Menschendasein, dessen geistiger Inhalt aus der Wirtschaftsordnung sich ergeben soll, kann bei mangelndem Interesse an den Arbeitsprodukten auch dann noch nicht befriedigen, wenn das Interesse des einen Menschen an dem andern durch die Rechtsordnung gepflegt wird. Denn es müßte zuletzt doch die Erkenntnis aufdämmern, daß man gegenseitig für einander bloß um des Wirtschaftens wirtschafte. Das Wirtschaften erhält seinen Sinn nur, wenn es sich dienstbar zeigt einem Inhalt des Menschenlebens, der über das Wirtschaften hinaus liegt, und welcher von dem Wirtschaften ganz unabhängig sich offenbart. Die Arbeit, die um ihrer selbst willen nicht befriedigt, wird wertvoll, wenn sie in einem Leben verrichtet wird, das von einem höheren geistigen Gesichtspunkte aus so aufgefaßt werden kann, daß der Mensch Zielen zustrebt, zu denen das Wirtschaftsleben nur das Mittel ist. Ein solcher geistiger Gesichtspunkt ist nur aus einem selbständigen Geistesgliede des sozialen Organismus heraus zu gewinnen. Ein Geistesleben, das der «Überbau» der Wirtschaftsordnung ist, erscheint nur als das Mittel des Wirtschaftslebens.

Die Kompliziertheit des modernen Wirtschaftens mit seiner Mechanisierung der menschlichen Arbeit macht als Gegenpol das freie selbständige Geistesleben notwendig. Frühere Lebensepochen der Menschheit vertrugen die Verschmelzung von Wirtschaftsinteressen mit geistigen Antrieben, weil die Wirtschaft der Mechanisierung noch nicht verfallen war. Soll der Mensch in dieser Mechanisierung nicht untergehen, so muß seine Seele sich jederzeit, während er in der mechanischen Arbeitsordnung drinnen steht, *frei* erheben können zu den Zusammenhängen, in die er aus einem *freien* Geistesleben heraus sich versetzt fühlt.

Kurzsichtig ist, wer dem Hinweis auf das freie Geistesleben und die von der Menschengleichheit geforderte selbständige Rechtsordnung die Meinung entgegenstellt: diese beiden können doch die vor allem bedrückende wirtschaftliche Ungleichheit nicht überwinden. Denn die Wirtschaftsordnung der neueren Zeit hat zu dieser Ungleichheit dadurch geführt, daß sie die Rechtsordnung und die Geistespflege, auf die sie angewiesen ist, noch nicht zur Seite gehabt hat. Das marxistische Denken glaubt, daß jede wirtschaftliche Produktionsform durch sich selbst die folgende als die höhere vorbereitet, und daß, wenn dieser Vorbereitungsprozeß abgeschlossen ist, durch die «Entwickelung» diese höhere an die Stelle der niederen treten müsse. In Wahrheit hat die neuere Produktionsform sich nicht aus dem alten Wirtschaften heraus entwickelt, sondern aus den Rechtsformen und den geistigen Vorstellungsarten einer alten Zeit. Diese selbst aber sind, während sie die Wirtschaftsform erneuert haben, veraltet und bedürfen der Verjüngung. Von allen Arten des Aberglaubens ist derjenige der schlimmste, der behauptet, man könne Recht und Geist aus der wirtschaftlichen Produktionsform hervorzaubern. Denn er verdunkelt nicht bloß das menschliche Vorstellen, sondern das Leben selbst. Er verhindert, daß der Geist sich zu *seinem* Quell wende, weil er ihm einen Scheinquell in dem Ungeistigen entdecken will. Der Mensch aber läßt sich nur allzu leicht täuschen, wenn man ihm davon spricht, daß der Geist aus dem Ungeist von selbst entstehe; denn durch diese Täuschung glaubt er sich von der Anstrengung befreit, die er als notwendig anerkennen muß, wenn er einsieht, daß der Geist nur durch den Geist erarbeitet werden kann.

DIE PÄDAGOGISCHE GRUNDLAGE DER WALDORFSCHULE

Die Absichten, die Emil Molt durch die Waldorfschule verwirklichen will, hängen zusammen mit ganz bestimmten Anschauungen über die sozialen Aufgaben der Gegenwart und der nächsten Zukunft. Aus diesen Anschauungen heraus muß der Geist erstehen, in dem diese Schule geführt werden soll. Sie ist angegliedert an eine industrielle Unternehmung. Die Art, wie sich die moderne Industrie in die Entwickelung des menschlichen Gesellschaftslebens hineingestellt hat, gibt der Praxis der neueren sozialen Bewegung ihr Gepräge. Die Eltern, die ihre Kinder dieser Schule anvertrauen werden, können nicht anders, als erwarten, daß diese Kinder in dem Sinne zur Lebenstüchtigkeit erzogen und unterrichtet werden, der dieser Bewegung volle Rechnung trägt. Das macht notwendig, daß bei der Begründung der Schule von pädagogischen Prinzipien ausgegangen wird, die in den Lebensforderungen der Gegenwart wurzeln. Die Kinder sollen zu Menschen erzogen und für ein Leben unterrichtet werden, die den Anforderungen entsprechen, für die jeder Mensch, gleichgültig aus welcher der herkömmlichen Gesellschaftsklassen er stammt, sich einsetzen kann. Was die Praxis des Gegenwartslebens von dem Menschen verlangt, es muß in den Einrichtungen dieser Schule sich widerspiegeln. Was als beherrschender Geist in diesem Leben wirken soll, es muß durch Erziehung und Unterricht in den Kindern angeregt werden.

Verhängnisvoll müßte es werden, wenn in den pädagogischen Grundanschauungen, auf denen die Waldorfschule aufgebaut werden soll, ein lebensfremder Geist waltete. Ein solcher tritt heute nur allzu leicht dort hervor, wo man ein Gefühl dafür entwickelt, welchen Anteil an der Zerrüttung der Zivilisation das Aufgehen in einer materialistischen Lebenshaltung und Gesinnung während der letzten Jahrzehnte hat. Man möchte, durch dieses Gefühl veranlaßt, in die Verwaltung des öffentlichen Lebens eine idealistische Gesinnung hineintragen. Und wer seine Aufmerksamkeit der Entwickelung des Erziehungs- und Unterrichtswesens zuwendet, der wird diese Gesinnung vor allem andern da verwirklicht sehen wollen. In einer solchen Vorstellungsart gibt sich viel guter Wille kund. Daß dieser anerkannt werden soll, ist selbstverständlich. Er wird, wenn er sich in der rechten Art betätigt, wertvolle Dienste leisten können, wenn es sich darum handelt, menschliche Kräfte für ein soziales Unternehmen zu sammeln, für das neue Voraussetzungen geschaffen werden müssen. – Dennoch ist gerade in einem solchen Falle nötig, darauf hinzuweisen, wie der beste Wille versagen muß, wenn er an die Verwirklichung von Absichten geht, ohne die auf Sacheinsicht begründeten Voraussetzungen in vollem Maße zu berücksichtigen.

Damit ist eine der Forderungen gekennzeichnet, die heute bei Begründung einer solchen Anstalt in Betracht kommen, wie die Waldorfschule eine sein soll. In ihrem pädagogischen und methodischen Geiste muß Idealismus wirken; aber ein Idealismus, der die Macht hat, in dem aufwachsenden Menschen die Kräfte und Fähigkeiten zu erwecken, die er im weiteren Lebensverlauf braucht, um für die gegenwärtige Menschengemeinschaft Arbeitstüchtigkeit und für sich einen ihn stützenden Lebenshalt zu haben.

Die Pädagogik und Schulmethodik wird eine solche Forderung nur erfüllen können mit wirklicher Erkenntnis des heranwachsenden Menschen. Einsichtige Menschen verlangen heute eine Erziehung und einen Unterricht, die nicht auf einseitiges Wissen, sondern auf Können, nicht auf bloße Pflege der intellektuellen Anlagen, sondern auf Ertüchtigung des Willens hinarbeiten. Die Richtigkeit dieses Gedankens kann nicht angezweifelt werden. Allein man kann den Willen und das ihm zugrunde liegende gesunde Gemüt nicht erziehen, wenn man nicht die Einsichten entwickelt, die in Gemüt und Willen tatkräftige Antriebe erwecken. Ein Fehler, der nach dieser Richtung hin in der Gegenwart häufig gemacht wird, besteht nicht darin, daß man zu viel an Einsicht in den aufwachsenden Menschen hineinträgt, sondern darin, daß man Einsichten pflegt, denen die Stoßkraft für das Leben mangelt. Wer glaubt, den Willen bilden zu können, ohne die ihn belebende Einsicht zu pflegen, der gibt sich einer Illusion hin. – In diesem Punkte klar zu sehen, ist Aufgabe der Gegenwarts-Pädagogik. Dieses klare Sehen kann nur aus einer lebensvollen Erkenntnis des *ganzen* Menschen hervorgehen.

So wie sie vorläufig gedacht ist, wird die Waldorfschule eine Volksschule sein, die ihre Zöglinge so erzieht und unterrichtet, daß Lehrziele und Lehrplan aufgebaut sind auf die in jedem Lehrer lebendige Einsicht in das Wesen des *ganzen* Menschen, soweit dies unter den gegenwärtigen Verhältnissen schon möglich ist. Es ist selbstverständlich, daß die Kinder in den einzelnen Schulstufen so weit gebracht werden müssen, daß sie den Anforderungen entsprechen können, die man nach den heutigen Anschauungen stellt. Innerhalb dieses Rahmens sollen aber Lehrziele und Lehrpläne so gestaltet werden, wie sie sich aus der gekennzeichneten Menschen- und Lebenserkenntnis ergeben.

Der Volksschule wird das Kind anvertraut in einem Lebensabschnitte, in dem die Seelenverfassung in einer bedeutungsvollen Umwandlung begriffen ist. In der Zeit von der Geburt des Menschen bis zum sechsten oder siebenten Lebensjahre ist der Mensch dazu veranlagt, sich für alles, was ihm nächststehende menschliche Umgebung ist, hinzugeben, und aus dem nachahmenden Instinkt heraus die eigenen werdenden Kräfte zu gestalten. Von diesem Zeitpunkte an wird die Seele offen für ein bewußtes Hinnehmen dessen, was vom Erzieher und Lehrer auf der Grundlage einer selbstverständlichen Autorität auf das Kind wirkt. Die Autorität nimmt das Kind hin aus dem dunklen Gefühl heraus, daß in dem Erziehenden und Lehrenden etwas lebt, das in ihm auch leben soll. Man kann nicht Erzieher oder Lehrer sein, ohne *mit voller Einsicht* sich so zu dem Kinde zu stellen, daß dieser Umwandlung des Nachahmungstriebes in die Aneignungsfähigkeit auf Grund selbstverständlichen Autoritätsverhältnisses im umfänglichsten Sinne Rechnung getragen wird. Die auf bloße Natureinsicht begründete Lebensauffassung der neueren Menschheit geht nicht mit vollem Bewußtsein an solche Tatsachen der Menschenentwickelung heran. Ihnen kann nur die notwendige Aufmerksamkeit zuwenden, wer Sinn hat für die feinsten Lebensäußerungen des Menschenwesens. Ein solcher Sinn muß in der Kunst des Erziehens und Unterrichtens walten. Er muß den Lehrplan gestalten; er muß in dem Geiste leben, der Erzieher und Zöglinge vereinigt. Was der Erzieher tut, kann nur in geringem Maße davon abhängen, was in ihm durch allgemeine Normen einer abstrakten Pädagogik angeregt ist; er muß vielmehr in jedem Augenblicke seines Wirkens aus lebendiger Erkenntnis des werdenden Menschen heraus neu geboren sein. Man kann natürlich einwenden, solch ein lebensvolles Erziehen und Unterrichten scheitere an Schulklassen mit großer Schülerzahl. Innerhalb gewisser Grenzen ist dieser Einwand gewiß berechtigt; wer ihn über diese Grenzen hinaus macht, der beweist aber dadurch nur, daß er von dem Gesichtspunkte einer abstrakten Norm-Pädagogik aus spricht, denn eine auf wahrer Menschenerkenntnis beruhende lebendige Erziehungs- und Unterrichtskunst durchzieht sich mit einer Kraft, die in dem einzelnen Zögling die Anteilnahme anregt, so daß man nicht nötig hat, ihn durch das unmittelbare, «individuelle» Bearbeiten entsprechend bei der Sache zu halten. Man kann, was man im Erziehen und Unterrichten wirkt, so gestalten, daß der Zögling im Aneignen es selbst individuell für sich faßt. Dazu ist nur nötig, daß, was der Lehrende tut, genügend stark *lebt*. Wer den Sinn für echte Menschenerkenntnis hat, dem wird der werdende Mensch in einem solch hohen Maße zu einem von ihm zu lösenden Lebensrätsel, daß er in der versuchten Lösung das Mitleben der Zöglinge weckt. Und ein solches Mitleben ist ersprießlicher als ein individuelles Bearbeiten, das den Zögling nur allzu leicht in bezug auf echte Selbstbetätigung lähmt. Wiederum innerhalb gewisser Grenzen gemeint, darf behauptet werden, daß größere Schulklassen mit Lehrern, die voll des von wahrer Menschenerkenntnis angeregten Lebens sind, bessere Erfolge erzielen werden als kleine Klassen mit Lehrern, die, von einer Normpädagogik ausgehend, solches Leben nicht zu entfalten vermögen.

Weniger deutlich ausgeprägt, aber für Erziehungs- und Unterrichtskunst gleich bedeutungsvoll, wie die Umwandlung der Seelenverfassung im sechsten oder siebenten Lebensjahre, findet eine eindringliche Menschenerkenntnis eine solche um den Zeitpunkt der Vollendung des neunten Lebensjahres herum. Da nimmt das Ich-Gefühl eine Form an, welche dem Kinde ein solches Verhältnis zur Natur und auch zur andern Umgebung gibt, so daß man zu ihm mehr von den Beziehungen der Dinge und Vorgänge zueinander sprechen kann, während es vorher fast ausschließlich Interesse entwickelt für die Beziehungen der Dinge und Vorgänge zum Menschen. Solche Tatsachen der Menschenentwickelung sollen von dem Erziehenden und Unterrichtenden ganz sorgfältig beachtet werden. Denn wenn man in die Vorstellungs- und Empfindungswelt des Kindes hineinträgt, was in einem Lebensabschnitt gerade mit der Richtung der Entwickelungskräfte zusammenfällt, so erstarkt man den ganzen werdenden Menschen so, daß die Erstarkung das ganze Leben hindurch ein Kraftquell bleibt. Wenn man gegen die Entwickelungsrichtung in einem Lebensabschnitt arbeitet, so schwächt man den Menschen.

In der Erkenntnis der besonderen Anforderungen der Lebensabschnitte liegt die Grundlage für einen sachgemäßen Lehrplan. Es liegt darinnen aber auch die andere Grundlage für die Art der Behandlung des Lehrstoffes in den aufeinanderfolgenden Lebensabschnitten. Man wird das Kind bis zum vollendeten neunten Lebensjahre in allem, was durch die Kulturentwickelung in das menschliche Leben eingeflossen ist, bis auf eine gewisse Stufe gebracht haben müssen. Man wird gerade die ersten Schuljahre deshalb mit Recht zum Schreibe- und Leseunterricht verwenden müssen; aber man wird diesen Unterricht so gestalten müssen, daß die Wesenheit der Entwickelung in diesem Lebensabschnitt ihr Recht findet. Lehrt man die Dinge so, daß einseitig der Intellekt des Kindes und nur ein abstraktes Aneignen von Fertigkeiten in Anspruch genommen werden, so verkümmert die Willens- und Gemütsnatur. Lernt dagegen das Kind so, daß sein ganzer Mensch an seiner Betätigung Anteil hat, so entwickelt es sich allseitig. Im kindlichen Zeichnen, ja selbst im primitiven Malen kommt der ganze Mensch zur Entfaltung eines Interesses an dem, was er tut. Man sollte deshalb das Schreiben aus dem Zeichnen heraus entstehen lassen. Aus Formen, an denen der kindlich-künstlerische Sinn des Kindes zur Geltung kommt, entwickele man die Buchstabenformen. Aus einer Beschäftigung, die als künstlerisch den ganzen Menschen zu sich heranzieht, entwickele man das Schreiben, das zum Sinnvoll-Intellektuellen hinführt. Und erst aus dem Schreiben heraus lasse man das Lesen erstehen, das die Aufmerksamkeit stark in das Gebiet des Intellektuellen zusammenzieht.

Durchschaut man, wie stark aus der kindlich-künstlerischen Erziehung das Intellektuelle herauszuholen ist, so wird man der Kunst im ersten Volksschulunterricht die angemessene Stellung zu geben geneigt sein. Man wird die musikalische und auch die bildnerische Kunst in das Unterrichtsgebiet richtig hineinstellen und mit dem Künstlerischen die Pflege der Körperübungen entsprechend verbinden. Man wird das Turnerische und die Bewegungsspiele zum Ausdrucke von Empfindungen machen, die angeregt werden von dem Musikalischen oder von Rezitiertem. Die eurythmische, die sinnvolle Bewegung wird an die Stelle derjenigen treten, die bloß auf das Anatomische und Physiologische des Körpers sich aufbaut. Und man wird finden, welch starke willen- und gemütbildende Kraft in der künstlerischen Gestaltung des Unterrichtes liegt. Wirklich fruchttragend werden aber nur solche Lehrer in der hier angedeuteten Art erziehen und unterrichten können, die durch eindringliche Menschenerkenntnis den Zusammenhang durchschauen, der besteht zwischen ihrer Methode und den in einem bestimmten Lebensabschnitt sich offenbarenden Entwickelungskräften. Der ist nicht wirklicher Lehrer und Erzieher, der Pädagogik sich angeeignet hat als Wissenschaft von der Kindesbehandlung, sondern derjenige, in dem der Pädagoge *erwacht* ist durch Menschenerkenntnis.

Bedeutungsvoll für die Gemütsbildung ist, daß das Kind vor Vollendung des neunten Lebensjahres die Beziehung zur Welt so entwickelt, wie der Mensch geneigt ist, sie in phantasievoller Art auszugestalten. Wenn der Erziehende selbst nicht Phantast ist, so macht er auch das Kind nicht zum Phantasten, indem er in märchen-fabelartiger und ähnlicher Darstellung die Pflanzen- und Tier-, die Luft- und Sternenwelt in dem Gemüte des Kindes leben läßt.

Wenn man aus einer materialistischen Gesinnung heraus den gewiß innerhalb gewisser Grenzen berechtigten Anschauungsunterricht auf alles mögliche ausdehnen will, so beachtet man nicht, daß in der menschlichen Wesenheit auch Kräfte entwickelt werden müssen, die *nicht* durch Anschauung allein vermittelt werden können. So steht das rein gedächtnismäßige Aneignen gewisser Dinge im Zusammenhang mit den Entwickelungskräften vom sechsten oder siebenten bis zum vierzehnten Lebensjahre. Und auf diese Eigenschaft der menschlichen Natur soll der Rechenunterricht aufgebaut sein. Er kann geradezu zur Pflege der Erinnerungskraft verwendet werden. Berücksichtigt man dieses nicht, so wird man vielleicht gerade im Rechenunterricht das anschauliche Element gegenüber dem gedächtnisbildenden unpädagogisch bevorzugen.

In den gleichen Fehler kann man verfallen, wenn man ängstlich bei jeder Gelegenheit über ein richtiges Maß hinaus anstrebt, daß das Kind alles *verstehen* müsse, was man ihm übermittelt. Diesem Bestreben liegt gewiß ein guter Wille zugrunde. Aber dieser rechnet nicht damit, was es für den Menschen bedeutet, wenn er in einem späteren Lebensalter in seiner Seele wieder erweckt, was er sich in einem früheren rein gedächtnismäßig angeeignet hat, und nun findet, daß er durch die errungene Reife jetzt zum Verständnisse aus sich selbst kommt. Allerdings wird notwendig sein, daß die bei dem gedächtnismäßigen Aneignen eines Lernstoffes gefürchtete Teilnahmslosigkeit des Zöglings durch die lebensvolle Art des Lehrers verhindert wird. Steht der Lehrer mit seinem ganzen Wesen in seiner Unterrichtstätigkeit drinnen, dann darf er dem Kinde auch beibringen, wofür es im späteren Nacherleben mit Freude das volle Verständnis findet. Und in diesem erfrischenden Nacherleben liegt dann stets Stärkung des Lebensinhaltes. Kann der Lehrer für solche Stärkung wirken, dann gibt er dem Kinde ein unermeßlich großes Lebensgut mit auf den Daseinsweg. Und er wird dadurch auch vermeiden, daß sein «Anschauungsunterricht» durch das Übermaß an Einstellen auf das «Verständnis» des Kindes in Banalität verfällt. Diese mag der Selbstbetätigung des Kindes Rechnung tragen; allein ihre Früchte sind mit dem Kindesalter ungenießbar geworden; die weckende Kraft, die das lebendige Feuer des Lehrers in dem Kinde entzündet bei Dingen, die in gewisser Beziehung noch über sein «Verständnis» hinaus liegen, bleibt wirksam durch das ganze Leben hindurch.

Wenn man mit Naturbeschreibungen aus der Tier- und Pflanzenwelt nach dem vollendeten neunten Lebensjahre beginnt und dieselben so hält, daß aus den Formen und Lebensvorgängen der außermenschlichen Welt die menschliche Form und die Lebenserscheinungen des Menschen verständlich werden, so kann man diejenigen Kräfte im Zögling wecken, die in diesem Lebensabschnitt nach ihrem Entbundenwerden aus den Tiefen des Menschenwesens streben. Dem Charakter, den das Ich-Gefühl in dieser Lebensepoche annimmt, entspricht es, das Tier- und Pflanzenreich so anzusehen, daß, was in ihnen an Eigenschaften und Verrichtungen auf viele Wesensarten verteilt ist, in dem Menschenwesen als dem Gipfel der Lebewelt wie in einer harmonischen Einheit sich offenbart.

Um das zwölfte Lebensjahr herum ist abermals ein Wendepunkt in der Menschenentwickelung eingetreten. Der Mensch wird da reif, diejenigen Fähigkeiten zu entwickeln, durch die er in einer für ihn günstigen Art zum Begreifen dessen gebracht wird, was ganz ohne Beziehung zum Menschen aufgefaßt werden muß: des mineralischen Reiches, der physikalischen Tatsachenwelt, der Witterungserscheinungen und so weiter.

Wie aus der Pflege solcher Übungen, die ganz aus der Natur des menschlichen Betätigungstriebes heraus gestaltet sind ohne Rücksicht auf die Ziele des praktischen Lebens, sich andere entwickeln sollen, die eine Art Arbeitsunterricht sind, das ergibt sich aus der Erkenntnis des Wesens der Lebensabschnitte. Was hier für einzelne Teile des Lehrstoffes angedeutet ist, läßt sich ausdehnen auf alles, was dem Zögling bis in sein fünfzehntes Lebensjahr hinein zu geben ist.

Man wird nicht zu befürchten haben, daß der Zögling in einer dem äußeren Leben fremden Seelen- und Körperverfassung aus der Volksschule entlassen wird, wenn in der geschilderten Art auf dasjenige gesehen wird, was aus der *inneren* Entwickelung des Menschenwesens als Unterrichts- und Erziehungsprinzipien sich ergibt. Denn das menschliche Leben ist selbst aus dieser inneren Entwickelung heraus gestaltet, und der Mensch wird in der besten Art in dieses Leben eintreten, wenn er durch die Entwickelung *seiner* Anlagen mit dem zusammenfindet, was aus den gleichgearteten menschlichen Anlagen heraus Menschen vor ihm der Kulturentwickelung einverleibt haben. Allerdings, um beides, die Entwickelung des Zöglings und die äußere Kulturentwickelung, zusammenzustimmen, bedarf es einer Lehrerschaft, die sich nicht mit ihrem Interesse in einer fachmäßigen Erziehungs- und Unterrichtspraktik abschließt, sondern die mit vollem Anteil sich hineinstellt in die Weiten des Lebens. Eine solche Lehrerschaft wird die Möglichkeit finden, in den heranwachsenden Menschen den Sinn für die geistigen Lebensinhalte zu wecken, aber nicht weniger das Verständnis für praktische Gestaltung des Lebens. Bei solcher Haltung des Unterrichtes wird der vierzehn- oder fünfzehnjährige Mensch nicht verständnislos sein für das Wesentliche, was aus der Landwirtschaft, der Industrie, dem Verkehre, dem Gesamtleben der Menschheit dient. Die Einsichten und die Fertigkeiten, die er sich angeeignet hat, werden ihn befähigen, sich orientiert zu fühlen in dem Leben, das ihn aufnimmt. Soll die Waldorfschule die Ziele erreichen, die ihrem Begründer vorschweben, so wird sie auf der hier gekennzeichneten Pädagogik und Methodik aufgebaut sein müssen. Sie wird dadurch einen Unterricht und eine Erziehung geben können, die den Leib des Zöglings seinen Bedürfnissen gemäß sich gesund entwickeln läßt, weil die Seele, deren Ausdruck dieser Leib ist, in der Richtung ihrer Entwickelungskräfte entfaltet wird. Es ist vor der Eröffnung der Schule versucht worden, mit der Lehrerschaft in einer solchen Art zu arbeiten, daß nach einem Ziele, wie es hier angegeben ist, durch die Schule gestrebt werden kann. Durch diese Zielrichtung glauben diejenigen, die an der Einrichtung der Schule beteiligt sind, in das pädagogische Lebensgebiet zu tragen, was der sozialen Denkungsart der Gegenwart entsprechend ist. Sie fühlen die Verantwortlichkeit, die mit einem solchen Versuch verbunden sein muß; aber sie meinen, daß gegenüber den sozialen Anforderungen der Gegenwart es eine Pflicht ist, derartiges zu unternehmen, wenn eine Möglichkeit dazu vorhanden ist.

DER GRUNDIRRTUM IM SOZIALEN DENKEN

Einer Idee wie derjenigen von der Dreigliederung des sozialen Organismus werden viele Menschen immer wieder entgegenhalten: die soziale Bewegung strebt doch nach Überwindung der wirtschaftlichen Ungleichheiten der Menschen; wie soll diese erreicht werden durch die Wandlungen, die im Geistesleben und in der Rechtsordnung eintreten, wenn diese gegenüber dem Wirtschaftskreislauf selbständige Verwaltungen haben?

Dieser Einwurf wird von denjenigen gemacht, die zwar sehen, daß die wirtschaftlichen Ungleichheiten vorhanden sind, nicht aber, wie sie von den Menschen, die im sozialen Organismus zusammenleben, hervorgebracht werden. Man sieht, daß die ökonomische Ordnung der Gesellschaft sich ausdrückt in der Lebenshaltung der Menschen. Man strebt darnach, daß für viele Menschen die Möglichkeit einer ihnen würdiger erscheinenden Lebenshaltung eintrete. Und man glaubt, diese Möglichkeit werde da sein, wenn gewisse Änderungen in der ökonomischen Ordnung, die man in Aussicht nimmt, eingetreten sein werden.

Der tiefer in die menschlichen Lebensverhältnisse Blickende muß den Hauptgrund der sozialen Mißstände in der Gegenwart darin sehen, daß die eben gekennzeichnete Vorstellungsart die herrschende geworden ist. Es liegt für die Einsicht vieler Menschen die ökonomische Lebensordnung zu weit ab von dem, was sie an Vorstellungen über das Geistes- und Rechtsleben haben, als daß sie durchschauen könnten, wie im Menschenzusammenhange die eine mit den anderen in Beziehung steht. Die ökonomische Lage der Menschen ist ein Ergebnis dessen, wie sie sich durch ihre geistigen Fähigkeiten und durch die unter ihnen bestehende Rechtsregelung zueinander stellen. Wer das durchschaut, der wird nicht glauben, er könne ein Wirtschaftssystem finden, das durch sich die in demselben lebenden Menschen in ihnen würdig erscheinende Lebenshaltungen bringen könne. Ob man innerhalb eines Wirtschaftssystems für seine Leistung die zu einer solchen Lebenshaltung notwendige Gegenleistung finde, das hängt davon ab, wie die Menschen in demselben geistig gestimmt sind und wie sie ihre Verhältnisse zueinander aus ihrem Rechtsbewußtsein heraus ordnen.

In den letzten drei bis vier Jahrhunderten hat sich die zivilisierte Menschheit aus Antrieben heraus entwickelt, welche dieses Durchschauen des wahren Verhältnisses zwischen Wirtschaftsleben und Geistesleben außerordentlich schwierig machen. Der Mensch ist eingesponnen worden in Lebenszusammenhänge, die durch die Errungenschaften der Technik auf wirtschaftlichem Gebiete ein Gepräge angenommen haben, das nicht mehr dem entspricht, was er aus vorangehenden Entwickelungszeiten als Geistespflege und Rechtsvorstellungen herangebildet hat. Man ist gewohnt geworden, die geistigen Fortschritte der neueren Zeit mit ungeteilter Anerkennung anzusehen. Man übersieht dabei aber doch, daß diese geistigen Fortschritte hauptsächlich auf den Gebieten gemacht worden sind, die mit dem technisch-wirtschaftlichen Leben unmittelbar zusammenhängen. Gewiß, die Wissenschaft hat gewaltige Errungenschaften aufzuweisen, aber ihre Errungenschaften sind da am größten, wo sie herausgefordert worden sind durch die Anforderungen des technisch-wirtschaftlichen Lebens.

Unter dem Einflusse eines solchen geistigen Fortschrittes hat sich in den führenden Kreisen der Menschheit die Denkgewohnheit ausgebildet, alle Lebensverhältnisse aus ökonomischen Unterlagen heraus zu beurteilen. Sie sind sich in den meisten Fällen dieser Beurteilungsart nicht bewußt. Sie üben sie unbewußt aus. Sie glauben aus allerlei ethischen, ästhetischen Antrieben heraus zu leben; aber sie folgen unbewußt ihrem aus der technisch-wirtschaftlichen Lebensökonomie heraus bestimmten Urteile. Sie *denken* ökonomisch, während sie *glauben*, ästhetisch, religiös, ethisch zu leben.

Diese Denkgewohnheit der führenden Klassen ist nun im Laufe der neuesten Zeit bei den sozialistisch Denkenden zum Dogma geworden. Diese meinen alles Leben sei ökonomisch bedingt, weil diejenigen, von denen sie ihre Meinungen geerbt haben, die ökonomische Denkart zu ihrer ihnen größtenteils unbewußten Gewohnheit gemacht haben. Und so wollen diese sozialistisch Denkenden die Wirtschaftsordnung aus einer Anschauung heraus umgestalten, die gerade das herbeigeführt hat, was sie einer Umwandlung für dringend bedürftig halten. Sie bemerken nicht, daß sie, was sie nicht wollen, in einem verschärften Grade herbeiführen würden, wenn sie unter dem Einfluß von Ideen handelten, aus denen das Umzuwandelnde sich ergeben hat. Das rührt davon her, daß die Menschen an ihren Ideen und Denkgewohnheiten viel zäher festhalten wollen, als an den äußeren Einrichtungen.

Nun aber ist die menschliche Entwickelung an einem Punkte angelangt, in dem diese selbst durch ihre Wesenheit einen Fortschritt nicht nur der Einrichtungen, sondern der Gedanken und Anschauungen fordert. Ob diese Forderung, welche die Menschheitsgeschichte stellt, empfunden wird oder nicht, davon ist das Schicksal der sozialen Bewegung abhängig. So sonderbar es heute auch noch für viele Menschen klingt: es ist doch richtig, das moderne Leben hat eine Gestalt angenommen, die nicht mehr mit den alten Vorstellungsarten zu bemeistern ist.

Viele sagen mit Recht: Die soziale Frage muß anders angefaßt werden als sie etwa St. Simon, Owen, Fourier angefaßt haben. Mit deren geistigen Antrieben könne man das wirtschaftliche Leben nicht umgestalten. Aber solche ziehen daraus die Folgerung, daß geistige Antriebe überhaupt *keinen* wandelnden Einfluß auf die sozialen Lebensverhältnisse haben können. In Wahrheit liegt die Sache so, daß die genannten Denker ihre Vorstellungen aus einem Geistesleben heraus gebildet haben, das seiner Natur nach dem modernen Wirtschaftsleben nicht mehr gewachsen war. Statt nun zu der gesunden Einsicht sich zu bekennen: Also bedarf es einer Erneuerung des Geisteslebens – und des Rechtslebens –, ist man zu der Meinung gekommen, die ersehnten sozialen Zustände müßten aus dem Wirtschaftsleben heraus von selbst sich ergeben. Aber nicht sie werden sich ergeben, sondern nur wirtschaftliche Wirrnis, wenn nicht die Fortentwickelung aus einem von der neueren Zeit geforderten Fortschritt des Geistes- und Rechtslebens heraus geschehen wird.

Von dem Mute zu diesem Fortschritt der Geistespflege und Rechtsordnung wird getragen sein müssen, was auf sozialem Gebiete in der Gegenwart und in der nächsten Zukunft geschehen soll. Was nicht aus diesem Mute heraus geschaffen werden wird, das wird gut gemeint sein können, es wird aber nicht zu haltbaren Zuständen führen. Deshalb ist heute auf diesem Gebiete das Wichtigste, in weitesten Kreisen Aufklärung darüber hervorzurufen, daß die neue Geistespflege die Grundlage einer gedeihlichen Weiterentwickelung der zivilisierten Menschheit ist. Die Früchte dieser Geistespflege werden in der Wirtschaftsordnung aufgehen; ein Wirtschaftsleben, das sich aus sich selbst neugestalten will, wird seine alten Schäden nur – in Verschärfung – fortpflanzen. Solange man von dem Wirtschaftsleben verlangen wird, es solle aus den Menschen machen, was in ihnen veranlagt ist, wird man zu den alten Schäden neue hinzufügen; erst, wenn man sich zu der Einsicht durchringen wird, daß der Mensch aus seinem Geiste dem Wirtschaftsleben geben muß, was es braucht, wird man bewußt erstreben können, was man unbewußt fordert.

In meinem Buche «Die Kernpunkte der sozialen Frage» ist der Vergleich des sozialen Organismus mit dem natürlichen menschlichen wohl herangezogen; zugleich aber darauf aufmerksam gemacht, wie irreführend es ist, wenn man glaubt, Anschauungen, die man an dem einen gewonnen hat, auf den andern ohne weiteres übertragen zu können. Wer die Wirksamkeit der Zelle oder eines Organes im menschlichen Leibe nach den Ansichten der Naturwissenschaft ins Auge faßt und dann nach der «sozialen Zelle» oder den «sozialen Organen» sucht, um den Bau und die Lebensbedingungen des «sozialen Organismus» kennenzulernen, der wird nur allzuleicht in ein wesenloses Analogiespiel verfallen.

Anders liegt die Sache, wenn man, wie es in den «Kernpunkten» geschehen ist, darauf hinweist, daß an einer gesunden Betrachtung des menschlichen Organismus man sein Denken so erziehen kann, wie man es braucht für eine wirklichkeitsgemäße Auffassung des sozialen Lebens. Man wird durch eine solche Erziehung sich dazu befähigen, die sozialen Tatsachen nicht nach vorgefaßten Meinungen, sondern nach ihrer eigenen Gesetzmäßigkeit beurteilen zu lernen. Und dies ist in unserer Zeit vor allem andern notwendig. Denn man steckt gegenwärtig in bezug auf das soziale Urteil tief in Parteimeinungen drinnen. Diese sind nicht gebildet aus dem, was in den Lebensbedingungen des sozialen Organismus begründet ist, sondern aus den dunklen Gefühlen einzelner Menschen und namentlich Menschengruppen. Würde man die Urteilsart, die man in den Parteiprogrammen anwendet, auf die Erforschung des menschlichen Organismus übertragen, so müßte man bald einsehen, daß man dessen Verständnis nicht fördert, sondern daß man demselben Hemmnisse schafft.

In dem Organismus muß die eingeatmete Luft fortwährend in Unbrauchbares umgewandelt werden. Der Sauerstoff muß zur Kohlensäure umgewandelt werden. Deshalb müssen Einrichtungen da sein, die das Umgewandelte, unbrauchbar Gewordene durch Brauchbares ersetzen. Wer sachgemäß sein am menschlichen Organismus geschultes Urteil bei einer unbefangenen Betrachtung des sozialen Organismus anwendet, der findet, daß das eine Glied dieses Organismus, der Wirtschaftskreislauf, gerade dann, wenn er sachgemäß eingerichtet ist, fortdauernd Verhältnisse hervorbringen muß, die durch andere Einrichtungen wieder auszugleichen sind. So wenig man von der Organeinrichtung, die im menschlichen Organismus darauf hingeordnet ist, daß sie den eingeatmeten Sauerstoff unbrauchbar macht, verlangen kann, daß sie ihn wieder brauchbar mache, so wenig sollte man von dem Wirtschaftskreislauf voraussetzen, daß in ihm selbst die Einrichtungen entstehen können, die ausgleichend auf dasjenige wirken, was er aus dem Leben heraus *Leben-Hemmendes* erzeugen muß.

Diesen Ausgleich können nur bewirken ein neben dem Wirtschaftskreis bestehender, aus seiner eigenen Wesenheit heraus sich gestaltender Rechtsorganismus und ein Geistesleben, das in Unabhängigkeit von Wirtschafts- und Rechtsorganisation frei aus seinen eigenen Wurzeln erwächst. Nur oberflächliche Beurteilung kann sagen: Soll denn die Pflege des Geisteslebens nicht an die bestehenden Rechtsverhältnisse gebunden sein? Das muß sie gewiß sein. Aber etwas anderes ist, ob die Menschen, welche das Geistesleben pflegen, abhängig sind von dem Rechtsleben; etwas anderes, ob aus den Einrichtungen des Rechtslebens heraus diese Pflege selbst erfolgt. Man wird finden, daß die Idee von der Dreigliederung des sozialen Organismus eine solche ist, die leicht Einwendungen möglich macht, wenn man sie an vorgefaßte Meinungen hält, daß aber die Einwendungen in nichts zerfallen, wenn man sie zu Ende denkt.

Der Wirtschaftskreislauf hat sein eigenes Lebensgesetz. Durch dieses schafft er Zustände, die den sozialen Organismus zerstören, wenn sie in diesem die einzig wirksamen sind. Will man aber diese Zustände durch *wirtschaftliche* Einrichtungen hinwegschaffen, so zerstört man den Wirtschaftskreislauf selbst. Im modernen Wirtschaftskreislauf sind Schäden entstanden durch die privatkapitalistische Verwaltung der Produktionsmittel. Will man die Schäden ausrotten durch die *wirtschaftliche* Einrichtung der Gemeinschaftsverwaltung der Produktionsmittel, so untergräbt man die moderne Wirtschaft. Aber man wirkt den Schäden entgegen, wenn man neben dem Wirtschaftskreislauf ein von ihm unabhängiges Rechtssystem und ein freies Geistesleben schafft. Die *fortwährend* aus dem Wirtschaftsleben sich ergebenden Schäden werden dadurch schon im Entstehen aufgehoben. Es wird nicht etwa so sein, daß sich die Schäden erst ergeben, und die Menschen unter ihnen leiden müssen, bevor sie verschwinden. Sondern durch die neben den Wirtschaftseinrichtungen bestehenden Organisationen werden die Mißstände abgeleitet.

Die Parteimeinungen der neueren Zeit haben das Urteil von den Lebensbedingungen des sozialen Organismus abgelenkt. Sie haben es in die Strömungen der Leidenschaften von Menschengruppen hinübergeführt. Es ist dringend notwendig, daß diese Meinungen eine Korrektur erfahren von einer Seite her, auf der sich die Menschen Unbefangenheit aneignen können. Das werden sie imstande sein, wenn das Gedankenleben sich selbst korrigiert an der Betrachtung solcher Verhältnisse, die durch ihr eigenes Wesen die Unbefangenheit herausfordern. Der natürliche Organismus stellt solche Anforderungen.

Wer allerdings *nur* die gebräuchlichen naturwissenschaftlichen Vorstellungen für diese Korrektur anwendet, der wird nicht weit kommen. Denn diesen Vorstellungen fehlt in vielen Beziehungen diejenige Schlagkraft, die tief genug in die Naturtatsachen hineindringt. Wenn man aber versucht, sich nicht an *diese Vorstellungen,* sondern an die Natur selbst zu halten, so wird man in der Lage sein, sich da eher Unbefangenheit zu holen, als innerhalb der Parteianschauungen. Trotz des guten Willens vieler Naturforscher, über den Materialismus in der Denkergesinnung hinauszukommen, sind auch gegenwärtig noch die gebräuchlichen naturwissenschaftlichen Vorstellungen von materialistischen Einschlägen durchsetzt. Eine geistgemäße Betrachtung der Natur kann diese Einschläge abstreifen. Und *sie* wird die Grundlage abgeben können für eine Gedankenschulung, die in ihren Ergebnissen auch der Erfassung des sozialen Organismus gewachsen ist.

Die Idee von der Dreigliederung des sozialen Organismus nimmt nicht Naturkenntnisse einfach herüber aus dem Naturgebiet ins soziale Lebensfeld. Sie will nur an der Naturbetrachtung die Kraft gewinnen, die soziale Tatsachenwelt unbefangen anzusehen. Das sollten diejenigen bedenken, die in oberflächlicher Art sich davon unterrichten, daß diese Idee von einer Dreigliederung des sozialen Lebens spricht, ähnlich wie man sprechen kann von einer Dreigliederung des natürlichen menschlichen Organismus. Wer diese letztere in ihrer Eigenart ernst nimmt, der wird gerade durch sie gewahr werden, daß das eine nicht auf das andere übertragen werden kann. Aber er wird durch die Betrachtungsweise, die er für den natürlichen Organismus anzuwenden genötigt ist, sich die Denkrichtung schaffen, die ihm ermöglicht, sich auch in den sozialen Tatsachen zurechtzufinden.

Man wird glauben, daß durch eine solche Anschauungsart die sozialen Ideen auf das Feld der «grauen Theorien» abgeschoben werden. Es darf vielleicht gesagt werden, daß man eine solche Meinung nur so lange hat, als man das «Abschieben» von außen sich ansieht. Da wird man allerdings als «grau» empfinden, was man undeutlich in der Ferne sieht. Und farbig wird man dagegen empfinden, was man aus der «nahen» Leidenschaft heraus gebiert. Aber man trete dem «Grauen» näher. Man wird finden, daß dann etwas der Leidenschaft ähnliches sich regt. Aber dieses wird gehen auf alles wirklich Menschliche, das man aus dem Auge verliert auf den Standpunkten der Partei- und Gruppenmeinungen.

Und bitter not tut es der Gegenwart, dem wirklich Menschlichen näherzutreten. Denn die Kampfesstellungen der sich absondernden Menschengruppen haben Schaden genug angerichtet. Und die Einsicht sollte reifen, daß nicht neue Kampfesstellungen den Schaden gutmachen können, sondern die Beobachtung dessen, was im gegenwärtigen Augenblicke der Menschheitsentwickelung die Geschichte selber fordert. Es ist *naheliegend*, Schäden zu sehen und deren Abschaffung programmäßig zu fordern; aber *not-*

wendig ist, bis an die Wurzeln des sozialen Lebens vorzudringen, und durch ihre Gesundung diejenige der Blüten und Früchte zu bewirken.

DER BODEN DER DREIGLIEDERUNG

Das Wesentliche des Dreigliederungsgedankens ist, daß er die sozialen Verhältnisse ohne Partei- und Klassenbefangenheit von dem Gesichtspunkte aus ansieht, der ihm durch die Frage gegeben wird: Was ist im gegenwärtigen Zeitpunkte der Menschenentwickelung zu tun, um zu einer lebensmöglichen Gestaltung der Gesellschaftsorganismen zu gelangen? Wer es ernst und ehrlich mit dem Ringen nach einer Antwort auf diese Frage meint, der *kann* nicht achtlos an einer Tatsache vorbeigehen, wie die ist, daß in der neueren Zeit das wirtschaftliche und das politisch-rechtliche Leben in einen zerstörungsbringenden Widerstreit gekommen sind. Die Klassenschichtung der Menschheit, in der gegenwärtig gelebt wird, ist aus wirtschaftlichen Grundlagen heraus entstanden. Innerhalb der wirtschaftlichen Entwickelung *und aus dieser heraus* ist der eine zum Proletarier, der andere zum Unternehmer, ein dritter zum Arbeiter an der geistigen Kultur geworden. Sozialistisch Denkende werden nicht müde, diese Tatsache in den Vordergrund ihrer Forderungen zu stellen, um diese dann hinter ihr wie etwas Selbstverständliches erscheinen lassen zu können. Man bedenkt dabei nur nicht, daß es darauf ankommt, zu sehen, *warum* das Wirtschaftsleben übermächtig hat auf die Schichtung der Menschheit einwirken können. Man sieht nicht, wie diese Schichtung sich deshalb vollzogen hat, weil dem wirtschaftlichen Wirken kein politisch-rechtliches gegenüberstand, das ihm entgegengewirkt hätte. Der Mensch wurde durch den wirtschaftlichen Kreislauf auf einen Boden gestellt, der ihn isolierte. Er konnte sich nur in den Verhältnissen einleben, die ihm aus dem Wirtschaften heraus geboten wurden. Einer verstand so den andern nicht mehr. Er konnte sich mit ihm nicht verständigen; er konnte nur noch hoffen, ihn mit Hilfe derjenigen zu überstimmen, oder zu überwältigen, die auf gleichem Lebensboden standen. Aus den Tiefen der Menschheitsentwickelung ist kein politisch-rechtliches Leben heraufgezogen, das die isolierten Menschengruppen hätte zusammenführen können. Man hat nicht gesehen, daß ein Fortdenken in den *alten* politisch-rechtlichen Antrieben den *neuen* Wirtschaftskräften widerstrebt.

Man kann aber nicht so wirtschaften, wie es die Verhältnisse der beiden letzten Jahrhunderte notwendig machten, und dabei die Menschen in soziale Lagen kommen lassen, die einem Denken aus politisch-rechtlichen Untergründen entsprechen, wie sie den vorangegangenen Zeitaltern eigen waren. Man sollte aber auch nicht hoffen, daß die Klassenschichtung, die ohne neues politisches Streben entstanden ist, den Ausgangspunkt für eine Neugestaltung des Gesellschaftsorganismus bilden könne. Es ist selbstverständlich, daß die sich unterdrückt fühlenden Klassen diese Behauptung nicht als eine berechtigte anerkennen. Ihre Angehörigen sagen: Wir haben seit mehr als einem halben Jahrhundert ein neues politisches Streben. In meinen «Kernpunkten der sozialen Frage» bildet der Nachweis, daß dies nicht der Fall ist, die Unterlage für die weiteren, einen sozialen Aufbau kennzeichnenden Gedanken. Karl Marx und seine Anhänger haben wohl die Menschen einer Lebensklasse zum Kampfe aufgerufen; aber sie haben diesen Menschen nur *die* Gedanken gegeben, die erlernt waren von den Angehörigen derjenigen Klassen, die bekämpft werden sollen. Deshalb würde, wenn auch der Kampf zu dem von vielen erwünschten Ende führen könnte, nichts Neues entstehen, sondern das Alte mit Menschen in der Führerschaft, die einer andern Klasse angehören als diejenigen, die bisher diese Führerschaft behaupteten.

Zu dem Dreigliederungsgedanken führt die Einsicht in diese Tatsache wohl noch nicht; allein sie muß den Weg zu ihm vorbereiten. Solange sie nicht einer genügend großen Anzahl von Menschen einleuchtet, wird man fortfahren wollen, aus den alten politisch-rechtlichen Gedanken Antriebe herauspressen zu wollen, die den wirtschaftlichen Verhältnissen der Gegenwart gewachsen sein sollen. Man wird ohne dieses Einleuchten vor der Dreigliederung des sozialen Organismus zurückschrecken, weil man auf sie stößt mit dem, was man zu denken gewohnt ist.

Es ist begreiflich, daß in einer Zeit, die so viel des Unheiles gebracht hat, die Menschen zurückschrecken vor dem Ansinnen zu eigenem, aus der Tiefe des Menschenlebens heraus geborenem Denken. Viele fühlen sich niedergedrückt durch diese Zeit und verzweifeln an der Kraft der schaffenden Ideenkräfte. Sie «warten», bis die «Verhältnisse» eine günstigere Lage schaffen. Allein *nie* werden die «Verhältnisse» etwas anderes schaffen, als was von menschlichen Ideen ihnen eingepflanzt ist.

Aber – so sagen viele – die besten Ideen können doch praktisch nichts ausrichten, wenn sie von den Lebensverhältnissen zurückgewiesen werden. Gerade mit diesem Einwande rechnet der Dreigliederungsgedanke. Er geht von der Einsicht aus, daß weder die ideenlose Praxis noch die unpraktische Idee zu einem lebensfähigen sozialen Organismus kommen können. Deshalb stellt er nicht in der alten Form ein Programm auf. Solcher Programme gibt es genug, um zu lernen, daß sie zwar «gut», oder «edel», oder «geistvoll» gedacht sind, daß aber die Wirklichkeit sie zurückweist. Die Dreigliederungsidee rechnet auf dem wirtschaftlichen Gebiete mit den durch Natur und Menschenleben gegebenen Wirklichkeiten der neueren Zeit. Sie rechnet mit dem Rechtsbewußtsein der Menschheit, wie es sich im Laufe der letzten Jahrhunderte durch die Entwickelung ergeben hat. Und sie rechnet mit einem Geistesleben, das Menschen in den sozialen Organismus hineinstellt, die seine Lebensbedingungen verstehen und sie fördern, so daß ihm die Daseinsmöglichkeit geschaffen werde. Sie vermeint zu durchschauen, daß in einem dreigliedrigen sozialen Organismus *die Menschen* im Leben so zusammenwirken werden können, daß *aus diesem Zusammenwirken* entstehe, was eine abstrakte Programmidee nicht bewirken kann.

Wer diesen prinzipiellen Unterschied der Dreigliederungsidee und gebräuchlicher Programmgedanken nicht ins Auge fassen will, der wird sich von der Fruchtbarkeit der ersteren nicht überzeugen lassen. Diese ist eine Wirklichkeitsidee, weil sie das Leben nicht im Sinne eines Programmes tyrannisieren will, sondern zuerst die Grundlage zu schaffen bestrebt ist, auf der dasjenige Leben frei erwachsen kann, aus dem die sozialen Antriebe sich entwickeln. Die Fragen der Gegenwart und der nächsten Zukunft sind nicht solche, die an den Intellekt gestellt werden können, sondern die aus einem Leben sich ergeben müssen, das erst herbeizuführen ist. Die gegenwärtige Menschheit *ahnt* eigentlich erst die sozialen Fragen. Ihre wirkliche Gestalt wird sich ergeben, wenn die Struktur des sozialen Organismus so beschaffen sein wird, daß die drei in dem Menschendasein liegenden Lebenskräfte ihre wahre Wirklichkeit aus einem instinktartigen Empfinden in bewußtes Denken heben können. Vieles, was heute über sie gesagt wird, macht einer wirklichen Erkenntnis des Lebens gegenüber den Eindruck des Unreifen. Da sagt man, die Menschen seien unreif, nach Ideen ihr Leben zu gestalten. Nein, die Menschen werden reif für *Antworten* sein, wenn die Fragen erst unverhüllt durch uralte Vorurteile ihnen gegenübertreten werden.

So sieht derjenige die Lage der Gegenwart, der sich zur Dreigliederungsidee aus dem Erleben der vollen Wirklichkeit durchringt. Und aus diesem Sehen möchte er, daß *gehandelt* werde. Der Worte aber werden erst genug gewechselt sein, wenn aus den Worten die *Tat* wird geboren sein.

WAHRE AUFKLÄRUNG ALS GRUNDLAGE SOZIALEN DENKENS

Die Zahl derjenigen Menschen nimmt stetig zu, die betonen, daß aus der sozialen Wirrnis unserer Zeit nur herauszukommen sei, wenn in das Denken und Empfinden ein Zug nach dem Geistigen komme. Die Enttäuschungen, welche «volkswirtschaftliche» Ideen gebracht haben, die ihre Grundlagen nur in der Erzeugung von materiellen Gütern und deren Verteilung suchten, führen bei vielen zu einem solchen Bekenntnis.

Man kann aber auch deutlich sehen, wie wenig fruchtbar in unserer Zeit ein solches Bekenntnis zum Geiste wirkt. Soll es volkswirtschaftliche Anschauungen hervorbringen, so versagt es. Denn mit dem bloßen Hinweis auf den Geist ist es nicht getan. Er drückt zunächst bloß ein Bedürfnis aus. Er ist ratlos, wenn er über die Befriedigung dieses Bedürfnisses sprechen soll. In dieser Tatsache sollte man eine Aufgabe für die Gegenwart erkennen. Man sollte sich fragen: Warum kommen selbst diejenigen, die heute eine Hinwendung zum Geiste für das soziale Leben notwendig halten, nicht darüber hinaus, diese Notwendigkeit zu besprechen? Warum kommen sie nicht dazu, das volkswirtschaftliche Denken wirklich zu durchgeistigen?

Man wird dieser Frage die Antwort finden, wenn man die Entwickelung des Denkens innerhalb der zivilisierten Menschheit in der neueren Zeit betrachtet. Diejenigen Persönlichkeiten, die sich aus der Zeitbildung heraus zu einer Weltanschauung durchgerungen haben, betrachten es als ein Zeichen ihrer höheren «Geisteskultur», von dem «Unerkennbaren» hinter den Dingen zu reden. Es ist allmählich ein weitverbreiteter Glaube geworden, daß nur ein Befangener noch über das «Wesen der Dinge», über «die unsichtbaren Gründe der sichtbaren Dinge» sprechen könne. Nun läßt sich eine solche Denkergesinnung für eine Weile gegenüber dem Naturerkennen aufrecht erhalten. Die Naturerscheinungen bieten sich dar; und auch der, welcher von einem Nachforschen über ihre Gründe nichts wissen will, kann sie beschreiben und dadurch zu einem gewissen Inhalte seines Denkens kommen.

In volkswirtschaftlichen Dingen muß aber eine solche Denkergesinnung versagen. Denn da werden die Erscheinungen zuletzt von Menschen hervorgebracht; es gehen die Forderungen von den Menschengemütern aus. In den Menschen aber lebt gerade dasjenige als Wesenheit, wofür man sich die Einsicht vermauert, wenn man sich gewöhnt, der Natur gegenüber von einem solchen «Unerkennbaren» zu sprechen, wie es bei vielen Bekennern neuerer Lebensanschauungen zu finden ist. So ist es gekommen, daß die jüngste Vergangenheit Denkgewohnheiten in die Gegenwart herein entwickelt hat, die in volkswirtschaftlichen Dingen völlig versagen. Man kann das Gefrieren des Wassers, die Entwickelung des Embryos betrachten und dabei von dem «Unerkennbaren» in der Welt «vornehm» sprechen und die Zeitgenossen ermahnen, sich nicht in Phantasien über dieses «Unerkennbare» zu verlieren. Aber man kann nicht mit einem Denken, das an solcher Seelenverfassung sich schult, volkswirtschaftliche Aufgaben bewältigen. Diese erfordern ein Eingehen auf das volle Menschenleben. Und in diesem waltet das Geistig-Seelische, auch wenn es nur in der Forderung nach der Befriedigung materieller Bedürfnisse sich offenbart.

Man wird erst eine Volkswirtschaftswissenschaft haben, wie die Gegenwart sie braucht, wenn man auf den Geist und die Seele nicht bloß «hinweisen» wird, sondern wenn man die Bestrebungen, zu einer wirklichen Geist-Erkenntnis zu kommen, nicht mehr als «unwissenschaftlich» und eines aufgeklärten Menschen unwürdig brandmarken wird. Denn über die Seele des Menschen wird man nur urteilen können, wenn man ihren Zusammenhang mit dem durchschaut, was man in der Naturerkenntnis meiden möchte.

Menschen, die heute aus ihren Anschauungen heraus von übersinnlichen Dingen sprechen und die den Glauben äußern, daß nur durch solche dem Übersinnlichen zugewandte Erkenntnis der herrschende Materialismus überwunden werden könne, wird erwidert: der Materialismus sei «wissenschaftlich» überwunden. Es gäbe genügend Auseinandersetzungen, die, auf dem Boden «echter» Wissenschaft erwachsen, beweisen, daß der Materialismus zur Erklärung des natürlichen Geschehens nicht ausreicht. Demgegenüber muß gesagt werden: Solche Auseinandersetzungen mögen theoretisch interessant sein; den Materialismus können sie aber nicht überwinden. Der wird nur überwunden, wenn man nicht bloß theoretisch beweist, daß es in den Tatsachen der Welt mehr gibt, als was die Sinne sehen; der wird nur überwunden, wenn in die Betrachtung des Weltgeschehens lebendiger Geist einzieht. Nur *dieser* in der menschlichen Anschauung waltende Geist kann die Zusammenhänge auch überschauen, die im materiellen Leben der menschlichen Gemeinschaften wirksam sind. Man kann lange beweisen, daß das «Leben» nicht ein bloßer chemischer Vorgang sei; man wird damit dem Materialismus nicht wehe tun. Man wird ihn erst dann wirksam bekämpfen, wenn man auch den Mut hat, nicht nur zu sagen, es müsse Geist in den Weltanschauungen wirken, sondern diesen Geist wirklich zum Inhalte seines Bewußtseins macht.

Die Idee von der Dreigliederung des sozialen Organismus wendet sich an Menschen, die diesen Mut haben. Dieser Mut sucht vorzudringen von den Äußerlichkeiten des Lebens zu dessen innerer Wesenheit. Er erfaßt die Notwendigkeit der Pflege des freien, unabhängigen Geisteslebens, weil er einsieht, daß ein gefesseltes Geistesleben es höchstens bis zum «Hinweis» auf den Geist, nicht aber zu einem Leben im Geiste bringen kann. Er erfaßt auch die Notwendigkeit eines selbständigen Rechtslebens, weil er sich die Einsicht erringt, daß das Rechtsbewußtsein in Gebieten der Menschenseele wurzelt, die nur in einem Menschenzusammenhange wirksam sein können, der in Unabhängigkeit vom Geist- und Wirtschaftsleben sich entfaltet. Solche Einsicht kann nur erlangt werden durch die Erkenntnis des Seelischen im Menschen. Eine Lebensanschauung, die sich heranerzogen hat an der Meinung vom «Unerkennbaren» in dem Sinne vieler heutiger Gedankenrichtungen, wird zu dem Irrtum neigen, man könne eine soziale Struktur der Menschengesellschaften finden, die nur aus den materiellen Tatsachen des Wirtschaftslebens sich gestaltet.

Der Mut, von dem hier die Rede ist, kann nicht vor der Meinung haltmachen, die Menschen seien nicht «reif» für eine solch gründliche Umwandlung ihres Denkens und Empfindens. Sie werden nur so lange «unreif» sein, als ihnen die Einsicht in das Geistige als Vorurteil «wissenschaftlich» dargelegt wird. Nicht die Unreife ist in der gegenwärtigen Wirrnis das Wirksame, sondern der Glaube, daß Geist-Erkenntnis das Zeichen eines unaufgeklärten Menschen sei. Alle Gestaltungsversuche im sozialen Leben, die aus dieser ungeistigen «Aufklärung» hervorgehen, müssen scheitern, weil sie im Gestalten den Geist ausschalten; dieser aber in dem Augenblicke seine Ansprüche im Unbewußten geltend macht, in dem der Mensch ihn aus seinem Bewußtsein verbannt. Nur wenn der Mensch nicht gegen den Geist wirkt, kann das Geistige die menschlichen Handlungen fördern. Mit dem Geiste aber wirkt nur derjenige, der ihn in sein Bewußtsein aufnimmt. Überwindung derjenigen falschen «Aufklärerei», die aus einer mißverstandenen Natureinsicht hervorgegangen ist und die in der neuesten Zeit zu einem weltlichen Evangelium weiter Menschenmassen geworden ist, wird allein die Grundlage geben können für ein soziales Wissen, das fruchtbar auf das wirkliche Leben einwirken kann.

DER WEG ZUR RETTUNG DES DEUTSCHEN VOLKES

Im Jahre 1858 schrieb Herman Grimm einen Aufsatz: «Schiller und Goethe.» Der beginnt mit den Sätzen: «Die wahre Geschichte Deutschlands ist die Geschichte der geistigen Bewegungen im Volke. Nur da, wo die Begeisterung für einen großen Gedanken die Nation erregte und die erstarrten Kräfte ins Fließen brachte, geschehen Taten, die groß und leuchtend sind.» Und im weiteren Verlaufe des Aufsatzes kann man noch lesen: «... die Namen der deutschen Kaiser und Könige sind keine Meilensteine für den Fortschritt des Volkes.»

Die Belebung der Seelenverfassung, aus der heraus solches geschrieben ist, scheint allein geeignet, Licht zu bringen in die Zeit der Not, die über das deutsche Volk gekommen ist. Daß noch etwas von dieser Seelenverfassung sich in das Wirken und Arbeiten der Gegenwart erheben könne, darauf nur kann die Hoffnung beruhen, die derjenige hegt, welcher gerade für das deutsche Volk notwendig findet, daß es sich jetzt zu rettenden Gedanken wende. Wer heute sagt: man müsse erst abwarten, was sich an Beziehungen zu den West- und Ostvölkern aus der entstandenen Weltlage heraus ergibt, bevor man an einen fruchtbaren Grund zu einer sozialen Neukultur denken könne, der hat keine Ahnung von den Notwendigkeiten der Zeit. Aus solcher Anschauung ist hervorgegangen, was in diesen Blättern über die Idee von der Dreigliederung des sozialen Organismus gesagt worden ist. Der Schreiber dieser Zeilen meint, er habe in seinen bisherigen Aufsätzen hinlänglich denen geantwortet, die immer wieder mit dem Einwand kommen: es müsse doch erst an das gedacht werden, was sich aus dem gegenwärtigen Verhältnisse zu den andern Völkern ergebe, bevor man auf soziale Ideen die Aufmerksamkeit wenden könne, wie sie die Dreigliederung darstellt. Dieser Einwand beruht auf einem Irrtum, der zum bittersten Verhängnis des deutschen Volkes werden kann. Denn Deutschland ist aus der Weltkatastrophe so hervorgegangen, daß es die Grundlage für ein künftiges Verhältnis zu den anderen Völkern erst schaffen muß. Die Gestalt, welche das Wirtschaftsleben annehmen würde, wenn es, aus dem politisch-rechtlichen und dem geistigen Gebiete herausgelöst, sich entfalten wollte, könnte es in die Weltwirtschaft eingliedern. Daß die Eingliederung eines solchen Wirtschaftslebens in die Weltwirtschaft im Interesse der andern Völker liegt, das ist versucht worden, in diesen Aufsätzen zu zeigen. Ein freies Geistesleben kann von keinem andern Volke als Grundlage für Feindseligkeit betrachtet werden. Und ein politisches Rechtsleben, das auf der Gleichheit der mündigen Menschen beruht, könnte bei dem deutschen Volke ein anderes nur dann als ein feindliches Element ansehen, wenn dieses sich selbst verhöhnen wollte.

Nur müßte eine Idee, wie es die von der Dreigliederung ist, als der Antrieb des Wollens in öffentlichen Angelegenheiten sich vor die Welt hinstellen. In dem Augenblicke, in dem sich diese Idee *auf dem Wege zur Tat* zeigt, kann sie die Offenbarung des deutschen Wesens werden, mit dem die übrige Welt sich als auf einem festen Grunde auseinandersetzen wird. Gegenüber den heutigen Verhältnissen, gegenüber dem Unglauben an die praktische Wirksamkeit lebensvoller Ideen aber möchte man fragen: Wo ist das deutsche Wesen? Von den besten Geistern seiner Vergangenheit können dem deutschen Volke solche Ideen ertönen, wie diejenigen sind, die Herman Grimm vor sechzig Jahren niedergeschrieben hat. Diese Geister haben mit diesen Ideen das tiefste Wollen ihres Volkes auszusprechen beabsichtigt. Sollten die Nachkommen dieser Geister keine Ohren haben, um den Sinn dieser Ideen zu vernehmen?

Diese Nachkommen sind in einer Lage, in der es wahrlich nicht genügt, sich der Ideen der Vorfahren bloß zu erinnern, in der es vielmehr notwendig ist, in neuer, der Gegenwart angepaßter Art, diese Ideen fortzuentwickeln. Will der Deutsche sich selbst verlieren, indem er durch den Ideenunglauben sein eigenes Wesen verleugnet? Denn der beste Teil dieses Wesens kann nur in dem Glauben an die Wirksamkeit der Ideen bestehen. Und die Welt muß rechnen mit einer Offenbarung des deutschen Wesens, wenn dieses in seiner Echtheit sich vor sie hinstellt.

Eine genügende Anzahl von Menschen innerhalb des deutschen Volkes, die das angestammte Erbe des Glaubens an die Ideenwelt mit den Kräften der Seele durchdränge, muß die Rettung dieses Volkes werden. Aus keiner Auseinandersetzung mit der Außenwelt wird den Deutschen Heil erblühen, die im Zeichen des Unglaubens an die praktische Wirksamkeit der Ideen vollzogen wird. Denn in jeder solchen Auseinandersetzung fehlt die Mitwirkung des deutschen Wesenskernes.

Verstummen sollten alle Einwände, die von der Ansicht

ausgehen: es sei jetzt nicht die Zeit, sich an Ideen hinzugeben. Denn von einer Zeit, die für das deutsche Volk die Keime wirklicher Lebensmöglichkeit enthält, kann erst gesprochen werden, wenn die Kraft der Ideen von einer hinlänglich großen Menschenzahl erkannt sein wird. Nicht nach dem, was sonst geschieht, darf der Ideenglaube eingerichtet werden; sondern in allem, was durch Deutsche geschieht, muß dieser Ideenglaube die treibende Kraft sein. Was unter seinem Einflusse geschehen wird, kann im Vertrauen zu ihm abgewartet werden; untätig warten, indem man ihn beiseite schiebt, in scheinbar praktischem Geschäftigsein das Verhängnis seinen Lauf nehmen lassen: das alles ist bei dem Deutschen Sünde wider das eigene Wesen, Sünde wider den Geist der Weltenstunde, Sünde wider die Forderung echter Selbstbesinnung.

Ist das Walten dieser Sünde nicht deutlich genug wahrzunehmen? Sind die traurigen Wirkungen dieser Sünde noch nicht da? Tönt die Not nicht in Tönen, welche diese Sünde verständlich machen? Ist nicht mehr die Kraft im deutschen Volke, die Sünde gegen den Geist des eigenen Wesens als Sünde zu erkennen? Diese Fragen können Striemen drücken in die Seelen, welche das öffentliche Leben des deutschen Volkes betrachten. Der Schmerz müßte zum Erwachen führen. Waren die Geister deutscher Vergangenheit mit ihrem Ideenglauben Träumer? Solche Fragen löst nur das wirkliche Leben. Und wie kann die Lösung lauten? Ja, sie waren Träumer, wenn ihre Nachkommen ihre Ideen verträumen; sie waren aber leuchtende Wirklichkeitsgeister, wenn diese Nachkommen in das lebendig wache Wollen die Kraft ihrer Ideen aufnehmen.

Gutgemeinte Gedanken schaffen doch kein Brot. Das ist der Kern der Weisheit, die heute oftmals zu hören ist, wenn von Ideen gesprochen wird, wie sie der Forderung nach Dreigliederung des sozialen Organismus zugrunde liegen. Man möchte angesichts des Ernstes der Zeit diese Weisheit zu einer anderen stellen, die man heute auch des öfteren vernehmen kann: wenn die Leute erst wieder arbeiten werden, dann wird die soziale Frage ein anderes Gesicht bekommen.

Wem diese beiden Weisheiten gegenwärtig nicht in den Ohren klingen, der hat keine Ohren für die Sprache, die in vielen Kreisen zur alltäglichen geworden ist. Werden sie auch nicht unmittelbar ausgesprochen, so klingen sie doch hindurch durch vieles, das öffentlich geredet wird.

Man kommt gegen Einwände, die aus diesen Weisheitsquellen stammen, mit den von der Zeit geforderten Ideen deshalb so schwer zur Geltung, weil sie ja so unvergleichlich «einleuchtend» sind. Es braucht jemand nur zu sagen: widerlege mir doch diese Einwände; und der beste Denker wird seine Ohnmacht bekennen müssen. Denn sie sind natürlich nicht zu widerlegen. Sie sind selbstverständlich richtig.

Aber kommt es denn im Leben *nur* darauf an, daß man in irgendeiner Lage etwas Richtiges sagt? Hängt nicht vielmehr alles davon ab, daß man die Gedanken findet, die Tatbestände in Bewegung bringen können? Es ist eine Erscheinung im heutigen öffentlichen Leben, die diesem zum schwersten Schaden gereicht, daß man mit dem Denken nicht *Wirklichkeitssinn* verbinden will.

Nur dieser Mangel an Wirklichkeitssinn ist es, der sich hemmend entgegenwälzt, wenn man den sozialen Nöten der

Gegenwart beikommen will durch fruchtbare Ideen. Aber man hat sich lange gewöhnt an ein Denken im Zeichen dieses Mangels. Jetzt tut es wahrlich not, gerade an dieser Stelle des menschlichen Lebens gründlich umzulernen.

Man muß nur erst sehen, wie man in ein solches Denken sich hat hineingleiten lassen. Man muß sich beliebte Gedankengänge der neueren Zeit vor Augen führen.

Ein solch beliebter Gedankengang ist im Gebiete des Sozialen derjenige, der sich aus den Lebensgewohnheiten primitiver Völker ergibt. Man sucht zu erforschen, wie in «Urzeiten» ein gewisser Kommunismus und dergleichen geherrscht hat, und zieht daraus gewisse Schlüsse für dasjenige, was man heute machen soll. In Schriften, die von der sozialen Frage handeln, ist ein solcher Gedankengang sehr gebräuchlich geworden. Und er hat sich von da aus breiter Kreise bemächtigt. Er lebt heute in vielem, was in der «sozialen Frage» gerade von den Massen gedacht wird.

Man hätte diesen Gedankengang wirklich billiger haben können, als man ihn auf vielen Seiten errungen hat. Man hätte das soziale Leben der Menschen vergleichen können mit den Lebensgewohnheiten wild lebender Tierformen. Da hätte man gefunden, wie Instinkteinrichtungen zur Befriedigung der Lebensbedürfnisse führen, und wie diese Instinkteinrichtungen auf die entsprechende Aneignung desjenigen gehen, was die Natur den Lebensbedürfnissen entgegenbringt.

Das Wesentliche ist, daß der Mensch die Instinkteinrichtung durch das bewußte, zielgetragene Denken ersetzen muß. Auf die Naturgrundlage muß er bauen, wie jedes Wesen, das zu seinem Leben essen muß. In der Brotfrage steckt eine Frage der Naturgrundlage. Aber die ist für jedes nahrungsbedürftige Wesen vorhanden. In bezug auf sie kann von «sozialem Denken» gar nicht gesprochen werden. Dieses beginnt erst bei den Verrichtungen, denen der Mensch die Naturgrundlage durch sein Denken unterwirft. Durch sein Denken bemeistert er die Naturkräfte, durch sein Denken bringt er sich mit andern Menschen in einen Arbeitszusammenhang, der das der Natur abgerungene «Brot» in das soziale Leben hineinwebt. Für *dieses* Leben ist die Brotfrage eine Gedankenfrage. Es kann sich nur darum handeln, zu antworten auf die Frage: Welches sind die fruchtbaren Gedanken, die, zur Verwirklichung gebracht, aus der Menschenarbeit die Befriedigung der menschlichen Bedürfnisse hervorgehen lassen?

Man kann jedem Recht geben, der nun, nachdem er dergleichen Auseinandersetzungen gehört hat, sagt: das ist doch wahrlich eine primitive Weisheit. Wozu spricht man dergleichen Selbstverständlichkeiten erst aus? Oh, man unterließe das Aussprechen recht gerne, wenn nicht diejenigen Menschen, welche finden, daß sie auszusprechen überflüssig ist, dieselben wären, die zum Schaden des gesunden sozialen Denkens sie in den Wind schlagen mit ihrer Weisheit, daß «doch Gedanken kein Brot erzeugen können».

Und so steht es auch mit der anderen Weisheit, durch die man sich von dem Ernste der sozialen Frage hinwegdrücken möchte: es handle sich vor allem darum, daß die Leute wieder arbeiten. Der Mensch arbeitet, wenn in seiner Seele der Gedanke keimt, der ihn zur Arbeit treibt. Soll er im Zusammenhange des sozialen Lebens arbeiten, so empfindet er sein Dasein nur als menschenwürdig, wenn in diesem Leben Gedanken walten, die ihm sein Mitarbeiten im Lichte dieser Menschenwürde erscheinen lassen. Gewisse, auch sozialistisch orientierte Kreise möchten allerdings diesen Antrieb zur Arbeit durch den Arbeitszwang ersetzen. Das ist eben *ihre* Art, sich von der Einsicht in die Notwendigkeit fruchtbarer sozialer Ideen hinwegzudrücken.

Die Welt ist in die Lage, in der sie sich befindet, durch diejenigen gekommen, welche die Wirksamkeit der Ideen unmöglich machen durch ihre Flucht vor denselben. Eine Rettung ist nur möglich, wenn diejenigen zu einer starken Macht sich sammeln, die noch in sich ein hinlängliches Bewußtsein von diesem Tatbestande entwickeln können. *Diese* dürfen in dieser ernsten Zeit nicht kleinmütig werden. Sie werden heute noch die Hohnworte: unpraktischer Idealist, phantastischer Utopist umbrausen. Sie werden ihre Pflicht tun, wenn sie bauen, während die Höhnenden zerstören. Denn fallen wird, worinnen es «so herrlich weit gebracht» haben diejenigen, die im Zeichen der Ideenflucht ihre «Praxis» auf den Sumpfboden einer täuschenden «Wirklichkeit» gebaut haben oder noch bauen wollen. Deren einziges Denken erschöpft sich heute darinnen, sich über ihre «Praxis» Illusionen zu machen, und sich durch das Verhöhnen wahrer Lebenspraxis eine billige innere Befriedigung zu schaffen. Klar in das zu schauen, was sich dem unbefangenen Verstande in dieser Richtung darbietet, ist heute wichtigste Lebensaufgabe all derer, die nicht davor zurückschrecken, über vieles umzudenken. Nach schaffenden Gedanken dürstet das Leben der Zeit; der Durst wird nicht verschwinden, wenn das gedankenlose Sich-Gebärden der Gedankenfeinde auch noch so laut für seine Betäubung sorgen möchte.

Einem Ideenzusammenhang wie dem von der Dreigliederung des sozialen Organismus wird oft als Einwand entgegengeworfen: er könne nicht für diese oder jene Einzelheit mit «praktischen Vorschlägen» auftreten. Man sagt etwa: Da ist die Zerrüttung der Valuta. Was hat der Anhänger der Dreigliederung als Mittel zu ihrer Verbesserung anzugeben? Dieser muß erwidern: Der Gang der wirtschaftlichen Weltverhältnisse ist in der neueren Zeit ein solcher gewesen, der durch den Konkurrenzkampf der Staaten zur Entwertung des Geldes im einzelnen geführt hat. Eine Verbesserung kann nur eintreten, wenn nicht einzelne Maßnahmen für dieses oder jenes als Heilmittel angesehen werden, sondern wenn dieser Gang des Wirtschaftslebens in seinem ganzen Wesen durch die Dreigliederung zu etwas anderem gemacht wird. Einzelne Maßnahmen können ja manches im einzelnen vorübergehend bessern; wenn aber das Wesen des Wirtschaftens dasselbe bleibt, so kann eine einzelne Verbesserung nichts helfen; sie muß sogar eine Verschlechterung auf einem anderen Gebiete zur Folge haben.

Das wirklich praktische Mittel zu einem Neuaufbau des Zerstörten ist eben die Dreigliederung selbst. Wollte man gerade in einem Gebiet, in dem zum Beispiel das Wirtschaftsleben durch die Entwertung der Valuta seufzt, umfassende Einrichtungen im Sinne der Dreigliederung schaffen, so müßte sich durch den Gang der Ereignisse das Übel bessern. Der gekennzeichnete Einwand kommt daher, daß derjenige, der ihn macht, aus irgendwelchen Gründen vor einer praktischen Arbeit im Sinne der Dreigliederung zurückschreckt und verlangt, die Träger dieser Dreigliederungsidee sollen ihm Mittel zu einer Gesundung dieser oder jener Verhältnisse angeben, ohne diese Verhältnisse selbst im Sinne ihrer Idee zu gestalten.

In diesem Punkte besteht eben ein wesenhafter Gegensatz zwischen dem Träger der Dreigliederungsidee und allen denen, die da glauben, man könne das alte einheitsstaatliche soziale Leben beibehalten und innerhalb desselben zu einem Neuaufbau kommen. Die Idee von der Dreigliederung ruht eben gerade auf der Einsicht, daß diese einheitsstaatliche Orientierung die katastrophale Weltlage herbeigeführt hat; und daß man sich deshalb entschließen muß, sie aus denjenigen Verhältnissen heraus neu aufzubauen, die sich aus der Dreigliederung ergeben.

Ehe nicht dieser Mut zu einem Durchgreifenden bei einer genügend großen Anzahl von Menschen erwacht, kann eine Heilung des kranken sozialen Lebens nicht kommen. Das einzige, das ohne dieses Durchgreifende möglich ist, kann nur sein das An-sich-reißen der wirtschaftlichen und politischen Macht durch die siegenden Staaten und die Unterdrückung der Besiegten. Die Sieger können *vorläufig* das alte System beibehalten, denn die Schäden, die sich bei ihnen aus demselben ergeben, können für sie ausgeglichen werden durch die Vorteile, die sich durch die Beherrschung der Besiegten herausstellen. Die Besiegten aber sind gegenwärtig in einer Lage, die augenblickliches Handeln im Sinne des hier gemeinten Durchgreifenden notwendig macht. Auch für die Sieger wäre naturgemäß Einsicht das Bessere. Denn der Zustand, den sie bei sich hervorrufen, muß im Laufe der Zeit zur Wahrnehmung der unerträglichen Lage bei dem Besiegten und damit zu neuen Katastrophen führen. Die Besiegten aber können nicht warten, denn jede Versäumnis vergrößert das Unmögliche ihrer Lebensverhältnisse.

Die Dreigliederungsidee ist allerdings eine solche, die den Denk- und Empfindungsgewohnheiten aller derer zuwiderläuft, die ihre Seelenverfassung in Anpassung an die einheitsstaatliche Orientierung gebildet haben. Sich rückhaltlos zu sagen, die zutage tretenden Übel sind die Folge dieser Orientierung, ist gegenwärtig für viele Menschen so, als ob man von ihnen verlangen wollte, sie sollten ohne Boden unter den Füßen stehen. Der Boden, auf dem sie stehen wollen, ist der Einheitsstaat. Ihn möchten sie hinnehmen, und auf dem Grund desselben Einrichtungen treffen, von denen sie sich eine Besserung der Zustände erhoffen. Worauf es aber ankommt, das ist, einen neuen Boden zu gewinnen. Dazu fehlt es am Mut.

Die Grundforderung für die Wirksamkeit der Dreigliederungsidee muß daher die Sorge dafür sein, daß bei möglichst vielen Menschen die Einsicht erwachse, wie nur ein Durchgreifendes gegenwärtig helfen könne. Viel zu viele Menschen haben bisher ihre Urteilsfähigkeit über öffentliche Verhältnisse nur aus den engsten Lebenskreisen heraus gebildet. Gerade diejenigen, die im Großbetriebe unseres Wirtschaftslebens drinnen stehen, sind in dieser Lage. Sie schreiben sich Urteilsmöglichkeit über umfassende Verhältnisse zu; und sie kennen nur dasjenige, was sich ihnen aus ihrem engen Lebenskreise heraus ergeben hat.

Die Aufklärung über die Zusammenhänge des öffentlichen Lebens, die heute in so geringem Maße vorhanden ist, muß gefördert werden. Die Dreigliederungsidee wird um so weniger Widerstände finden, je mehr Menschen wissen werden, wie die Kräfte des öffentlichen Lebens bisher wirksam waren und wie sie zur gegenwärtigen Katastrophe führen mußten. Alles, was zur Verbreitung einer nach dieser Richtung gehenden Einsicht führen kann, bereitet den Boden für die praktische Wirksamkeit der Dreigliederungsidee vor.

Man sollte sich deshalb wenig versprechen von Auseinandersetzungen mit den Angehörigen dieser oder jener Partei, die zumeist, solange sie in der Partei stehen bleiben wollen, doch jeden Gedanken eines Trägers des Dreigliederungsimpulses in ihrem Sinne umdeuten möchten. Man sollte, sobald man die Fruchtbarkeit dieses Impulses eingesehen hat, für dessen Verständnis in weitesten Kreisen sorgen. Denn nicht mit denen, welche die Dreigliederung nicht wollen, läßt sich etwas anfangen, sondern allein mit denen, die von ihr durchdrungen sind. Mit *ihnen* allein läßt sich auch nur über Einzelheiten des öffentlichen Lebens sprechen. Man sollte sich doch klar sein, daß mit Erzberger nicht über die Heilung des öffentlichen Lebens zu reden ist, solange Erzberger – Erzberger ist.

Ich schreibe dieses nieder, weil ich sehe, daß in dieser Richtung nicht jeder, der von der Dreigliederungsidee etwas hält, im rechten Fahrwasser segelt. Die Idee von der Dreigliederung ist eben eine solche, der man ganz dienen muß, wenn man ihr überhaupt dienen will. Sie macht möglich, *mit jedem* sich auseinanderzusetzen; aber die Auseinandersetzung darf nichts von dem Durchgreifenden der Idee aufgeben. Man *wird* in diesem Sinne handeln, wenn man einsieht, welches die wirklichen Gründe des Niederganges sind. Aus *dieser* Einsicht muß der Mut zum Durchgreifenden kommen. Denn die herrschende Ratlosigkeit ist doch nur die Folge der mangelnden Einsicht.

II

GEISTESLEBEN
RECHTSORDNUNG
WIRTSCHAFT

DIE DREIGLIEDERUNG DES SOZIALEN ORGANISMUS, DIE DEMOKRATIE UND DER SOZIALISMUS

Unter den bedeutsamen Fragen, die in der Gegenwart, aus der Weltkriegskatastrophe heraus, die Umwandlung in ganz neue Formen durchmachen, ist die der Demokratie. Daß Demokratie restlos das Völkerleben durchdringen muß, sollte eine selbstverständliche Erkenntnis für alle sein, die einen offenen Sinn für das geschichtlich Gewordene haben. Die Weltkriegskatastrophe hat die Unmöglichkeit einer Weiterentwickelung alles dessen erwiesen, was der Demokratie widerstrebt. Alles Anti-Demokratische hat sich selbst in die Vernichtung hineingeführt. Für diejenigen, welche in irgendeiner Form an Wiederaufrichtung eines solchen Anti-Demokratischen denken, wird es sich nur darum handeln können, daß ihrer Einsicht das als Beweis aufgeht, was die Wirklichkeit mit Strömen von Blut bewiesen hat.

Aber die Frage, wie ist Demokratie zu verwirklichen, fordert gegenwärtig eine Stellungnahme heraus, die in verflossenen Zeiten nicht in derselben Art da sein konnte. Bevor die soziale Bewegung in das geschichtliche Stadium eingetreten war, in dem sie heute ist, konnte man über Demokratie anders denken, als man es jetzt muß. Die Frage wird immer drängender: Wie kann die soziale Bewegung dem demokratischen Leben einverleibt werden?

Es kann sich gegenwärtig wahrlich nicht darum handeln, in unbestimmten politischen Forderungen sich auszuleben und aus dem heraus, was einseitige Lebensinteressen dieser oder jener Menschengruppen als solche Forderungen in ganz begreiflicher Weise erheben, politische Ideale zu formen. Ein wirkliches Verständnis des sozialen Organismus wird mit jedem Tage notwendiger.

Es waren nicht immer bloß die Knechte des Kapitalismus, in deren Seele die Sorge sich einnistete, wenn sie daran dachten, was werden soll, wenn die soziale Welle das neuzeitliche Leben überfluten werde. Neben den allerdings in der Mehrzahl sich geltend machenden Egoisten waren vereinzelte ehrliche Persönlichkeiten, die in der Form, welche diese Welle annahm, gerade eine Gefahr für den wahren Demokratismus sahen. Wie soll noch eine wahrhaftige Entfaltung der menschlichen Individualitäten möglich sein, wenn alles geistige Leben auch in der Lebenspraxis ein ideologischer Überbau des Wirtschaftslebens wird, wie es ein solcher im Denken derjenigen geworden ist, welche die soziale Gestaltung des Lebens von der Durchdringung aller Menschen mit materialistischer Geschichtsauffassung abhängig machen? Denn ohne die freie Entfaltung der menschlichen Individualitäten möglich zu machen, wird eine sozialistische Lebensgestaltung die Kultur nicht herausholen aus ihrem kapitalistischen Gefängnis, sondern sie zum Absterben ohne die Aussicht auf Neubelebung bringen.

Wer die Forderungen, welche in der sozialen Bewegung liegen, nicht nach den Interessen beurteilt, die sich aus seiner bisherigen Lebenslage ergeben, sondern wer vermag, in ihnen eine geschichtliche Notwendigkeit zu sehen, der nicht zu entgehen ist, vor den stellt sich mit größtem Ernste die Frage hin: Wie können diese Forderungen erfüllt werden, ohne zur Unterdrückung der individuellen menschlichen

Begabungen zu führen, auf deren freier Entfaltung auch in der Zukunft alle Lebensentwickelung beruhen muß? In einer auf kapitalistische Wirtschaftsformen gegründeten gesellschaftlichen Lebensordnung war Demokratisierung etwas anderes, als sie wird sein müssen in einer von sozialen Impulsen durchtränkten.

Man wird das Bedürfnis immer drängender empfinden müssen, für das menschliche Geistesleben Entwickelungsmöglichkeiten zu suchen, die sich durchsetzen können neben den sozialen Impulsen. Man wird sich nicht durch das Dogma hypnotisieren lassen dürfen: Sozialismus im Wirtschaftsleben wird als Überbau von selbst ein gesundes Geistesleben hervorbringen. Einem solchen Dogma kann nur zustimmen, wer nicht begreift, daß ein auf sich selbst gestelltes Wirtschaftsleben ohne fortdauernde Befruchtung durch ein auf die freien Menschenindividualitäten begründetes Geistesleben nicht in fortschreitender Entwickelung erhalten werden kann, sondern in sich erstarren muß. Was aus der menschlichen Individualität heraus in das soziale Leben befruchtend eingreifen soll, muß aus der Menschenwesenheit durch Impulse herausgeholt werden, welche aus dem Wirtschaftsleben heraus sich nicht ergeben können. Die Wirtschaft bildet die Grundlage des Menschenlebens; aber das Menschenwesen ragt über das Wirtschaftliche hinaus. Die Kräfte des Wirtschaftslebens sind in engere Grenzen eingeschlossen als die Entfaltung der Gesamt-Menschennatur. So selbstverständlich auch dieses ist für das Begreifen des einzelnen Menschen, es ist diese Selbstverständlichkeit in dem neuzeitlichen Leben nicht verwirklicht; und es kommt immer mehr eine Denkungsart an die Oberfläche der öffentlichen Meinung und vor allem des öffentlichen Tuns, die dieser Selbstverständlichkeit widerstrebt. Die Menschen leben sich in Daseinsbedingungen ein und fordern Daseinsbedingungen, die, wenn sie sie wahrhaft überdenken wollten, ihnen unmöglich erscheinen müßten. Sie helfen sich dadurch, daß sie sich über den Lebenswiderspruch hinwegbetäuben, daß sie vermeiden, ihn sich zum Bewußtsein zu bringen.

Eine bedeutungsvolle Lebenstatsache enthüllt sich aus diesem Widerspruch heraus. Die Urteils- und Empfindungskräfte, die in der menschlichen Persönlichkeit veranlagt sind und die in einer gesunden Pflege des öffentlichen Geisteslebens zur Entwickelung kommen müßten: sie finden nicht den Weg in die sozialen Einrichtungen, in denen der moderne Mensch lebt. Diese Einrichtungen erdrücken die freie Entwickelung des individuellen Menschen.

Von zwei Seiten her macht sich diese Unterdrückung geltend. Von der Seite des Staates und von derjenigen des Wirtschaftslebens. Und der Mensch stürmt bewußt oder unbewußt gegen die Bedrückung an. In diesem Anstürmen liegt die wirkliche Ursache der sozialen Forderungen unserer Gegenwart. Alles andere, das in diesen Forderungen lebt, ist an die Oberfläche getriebene Welle, die verbirgt, was in den Untergründen der Menschennaturen waltet.

Der Ansturm gegen die Bedrückung des Staates spricht sich aus in dem Streben nach wahrer Demokratie; der Ansturm gegen die Bedrückung des Wirtschaftslebens in dem anderen Streben, nach sozialer Gliederung des Wirtschaftslebens.

Für das, was seit drei bis vier Jahrhunderten zum modernen Staate geworden ist, fordert die Menschheit die Demokratie. Soll diese Demokratie wahrhaftige Tatsache werden, dann muß sie auf diejenigen Kräfte der Menschennatur aufgebaut sein, die sich wirklich demokratisch ausleben können. Sollen aus Staaten Demokratien werden, dann müssen diese Einrichtungen sein, in denen die Menschen zur Geltung bringen können, was das Verhältnis eines jeden erwachsenen, mündig gewordenen Menschen zu jedem anderen regelt. Und jeder erwachsene, mündig gewordene Mensch muß gleichen Anteil haben an dieser Regelung. Verwaltung und Volksvertretung müssen so gehalten sein, daß sich in ihnen auslebt, was aus dem Bewußtsein eines Menschen sich ergibt einfach dadurch, daß er ein seelisch gesunder, mündiger Mensch ist.

Kann eine solche Volksvertretung und eine solche Verwaltung auch das Geistesleben regeln, das die volle Entfaltung der individuellen menschlichen Anlagen bewirken muß, wenn diese Entfaltung nicht zum Unheil des sozialen Lebens verkümmern und unterbunden werden soll? Diese Entfaltung beruht darauf, daß sie auf einem Boden gepflegt wird, auf dem nur so gehandelt wird, wie es sich aus den Impulsen des Geisteslebens heraus selbst ergibt. Spezifische Anlage wird nur von spezifisch entwickelter Anlage wirklich erkannt und richtig gepflegt. Und sie wird nur richtig auf den Weg in das Leben hineingewiesen, wenn der Weisende aus den Erfahrungen heraus handelt, die ihm die Erfahrung aus dem Lebenskreise heraus gibt, in den er weisen soll. Für die rechte Pflege eines sozial gesunden Gemeinschaftslebens sind Persönlichkeiten notwendig, welche einzelne Zweige des Lebens durch eine in diesen ausgebildete Erfahrung genau kennen, und die in sich den Sinn dafür entwickeln, innerhalb des Geisteslebens ihre Erfahrung zur Offenbarung zu bringen. Man denke an den sozial bedeutungsvollsten Zweig des Geisteslebens: an die Schule auf jeder Stufe. Kann denn die Entfaltung der individuellen

Menschenkräfte und ihre Vorbereitung für das Leben auf einem bestimmten Gebiete gedeihlich nicht nur von einer Persönlichkeit besorgt werden, die individuelle Erfahrung auf diesem Gebiete hat? Und kann jemals etwas sozial Heilsames entstehen, wenn für die Stellung einer solchen Persönlichkeit an ihren Platz etwas anderes maßgebend ist als das Walten ihrer individuellen Fähigkeiten selbst? Was in der Demokratie sich auslebt, kann nur auf dasjenige sich beziehen, was jeder mündige Mensch mit jedem mündigen Menschen gemein hat. Es gibt keine Möglichkeit, durch dasjenige, was in der Demokratie sich ausleben kann, eine Regelung darüber zu finden, was ganz im Kreise des individuellen Menschenwesens liegt. Will man ehrlich und wahr die Demokratie durchführen, so muß man von ihrem Boden ausschließen alles, was in diesen Kreis gehört. Auf demokratischem Boden und innerhalb der Verwaltungseinrichtungen, die auf diesem Boden auswachsen können, kann kein Impuls entstehen, der richtunggebend sein darf für eine menschliche Betätigung, die frei aus der individuellen Begabung des Menschen fließen soll. Die Demokratie muß sich für unfähig zu einem solchen Impulse erklären gerade dann, wenn sie wahre Demokratie sein will. Will man aus dem bisherigen Staate eine wahre Demokratie herausgestalten, so muß man aus dieser alles dasjenige herausnehmen und es seiner vollen Selbstverwaltung überliefern, über das nur die individuelle Entwickelung des besonderen Menschen die rechten Impulse entwickeln kann, und das keine Regelung erfahren kann durch dasjenige, was in jedem Menschen einfach dadurch lebt, daß er ein mündiger Mensch geworden ist.

Die sozialen Verhältnisse, über die jeder mündig gewordene Mensch urteilsfähig ist, sind die Rechtsbeziehungen von Mensch zu Mensch. Es sind dies zugleich diejenigen Lebensverhältnisse, die ihren sozialen Charakter nur dadurch erhalten können, daß sie in demokratischen Einrichtungen sich als ein Gesamtwille aus dem wirklichen Zusammenwirken der gleichen menschlichen Einzelwillen ergeben. Bei allem, was auf dem Boden der individuellen menschlichen Fähigkeiten erwachsen soll, kann nicht ein Gesamtwille in den Einrichtungen zum Ausdruck kommen; sondern diese Einrichtungen müssen solche sein, in denen die Einzelwillen sich voll zur Geltung bringen können. Der einzelne Mensch muß gewissermaßen wie eine Naturgrundlage sich verhalten können. Man kann nicht über eine Landfläche hin aus Bedürfnissen heraus, die abgesehen von den einzelnen Teilen dieser Landfläche gefaßt sind, diese bewirtschaften; man muß aus dem Wesen der einzelnen Teile kennenlernen, was sie besonders hervorbringen können. So muß auf geistigem Gebiete die auf den individuellen Fähigkeiten beruhende Einzelinitiative sich sozial auswirken können; sie darf nicht bestimmt werden durch den Inhalt eines Gesamtwillens. Dieser Gesamtwille muß unsozial wirken, denn er entzieht der Gemeinschaft die Früchte der individuellen menschlichen Fähigkeiten.

Es gibt keinen anderen Weg, die Früchte dieser individuellen Fähigkeiten zur Entfaltung zu bringen, als ihre Selbstverwaltung. Innerhalb dieser Selbstverwaltung kann allein der Zustand eintreten, durch den nicht ein die Fruchtbarkeit der Einzelmenschen für das soziale Leben unterdrückender Gesamtwille entsteht, sondern durch den in das Gesamtleben die menschlichen Einzelleistungen zu dessen Wohle aufgenommen werden.

Innerhalb einer solchen Selbstverwaltung werden sich aus dem Geistesleben heraus die Gesichtspunkte ergeben, durch welche die rechten Menschen an die rechten Stellen gebracht werden und durch welche an die Stelle von Gesetz und Verordnung das unmittelbar lebendige Vertrauen gesetzt werden kann. Den an der Volkserziehung beteiligten Personen werden solche Gesetze und Verordnungen keine Erziehungsziele weisen; dafür werden sie zu Beobachtern des Lebens werden und diesem abzulauschen suchen, was sie heranzubilden haben. Es wird die Tendenz entstehen können, im praktischen Leben stehende Personen, die in irgendeinem Zweige des Wirtschafts- oder Rechtslebens durch Jahre Erfahrung gesammelt haben, in die geistige Organisation aufzunehmen. In dieser werden sie die Menschen finden, mit denen, im lebendigen Verkehre, sie das praktisch Erfahrene in erzieherisch Fruchtbares werden umgestalten können. Andererseits werden in der geistigen Verwaltung stehende Personen den Antrieb empfinden, aus dieser Verwaltung zeitweise hinüberzutreten in das praktische Leben, um in diesem das Errungene lebenswirklich zu verwerten.

Eine Gliederung des sozialen Organismus in der Art, daß in ihm ein sich selbst verwaltendes Geistesleben zur Entfaltung kommt, wird nicht die lebendige Einheit dieses Organismus zerstören, sondern, im Gegenteil, erst recht begründen. Gegliedert wird nur die Verwaltung; in dem Leben des Menschen wird die Einheit zur Entwickelung kommen können. Der Mensch wird nicht mehr nötig haben, in einem erstarrten Stand von dem Leben sich abzuschließen und einzukapseln. Ein Hinüber- und Herübergehen aus dem geistigen in die anderen Glieder des sozialen Organismus wird stattfinden können. Denn in dem Leben, das sich als Tradition und öffentliche Meinung in dem Geistesorganismus ausgestaltet hat, wird etwas weit Fruchtbareres liegen als in dem starren System, das sich herausbildet, wenn sich Menschen als Stand abgliedern. Die Gliederung des sozialen Organismus sollte in der Zukunft in dem Sachlichen liegen; und dieses Sachliche sollte durch seine Selbstverwaltung die Kraft entwickeln, die auch dann wirkt, wenn es nicht den Menschen tyrannisch in seine Netze einspannt.

Es sollte nicht bezweifelt werden, daß ein soziales Wirtschafts- und Rechtsleben nur entstehen kann, wenn die Menschen sozial denken und empfinden können. Daß das bisherige mit dem Rechtsstaate verschmolzene Geistesleben dies nicht kann, sollte eine unbefangene Erfahrung der gegenwärtigen Zustände zeigen. Wer gegenwärtig aus dem vollen Leben heraus urteilt, wird schwer verstanden, denn er stößt auf die Seelenverfassung von Menschen, in denen nicht Saiten anklingen, die aus der Lebenserfahrung in Denk- und Empfindungsart gespannt sind, sondern auf solche, denen die Staatserziehung eine abstrakte, lebensfremde Art gegeben hat. Diejenigen Menschen, die sich für die am meisten praktischen halten, sind die am wenigsten praktischen. Sie haben sich in dem engen Lebensgebiete, in das sie sich eingesponnen haben, eine gewisse Routine erworben. Diese nennen sie ihren praktischen Sinn und sehen, aus dieser Seelenverfassung heraus, auf jeden mit Hochmut als einen unpraktischen Menschen, der in diese Routine sich nicht eingepfercht hat. In ihrem ganzen übrigen Denken, Empfinden und Wollen herrscht aber ein lebensfremdes, von abstrakten Richtungskräften getragenes Wesen. Ein solches Wesen wird großgezogen durch die im Staate verankerte Erziehung, in die nicht Lebenserfahrung einfließen kann, sondern nur das abstrakte Denken und Empfinden, die ohne spezielle Erfahrung auf irgendeinem Gebiete jedem mündig gewordenen Menschen durch die menschliche Natur eigen sein können, wenn sie einen Boden haben, auf dem nur sie wirksam sind. In dieser Tatsache liegt begründet, daß von vielen Seiten den sozialen Forderungen der Gegenwart ein solch geringes Verständnis entgegengebracht wird. Schon die Ausgangspunkte der sozialen Empfindungen zeigen sich den Forderungen des sozialen Organismus nicht gewachsen. Man denkt: viele Menschen fordern eine soziale Neugestaltung des Lebens. Man komme ihnen entgegen, meinen manche, und schaffe Gesetze und Verordnungen. Doch das soziale Neugestalten kann sich so nicht vollziehen. Die sozialen Forderungen der Gegenwart sind solche, die nicht in einer zeitweiligen Gewaltumwälzung ihre Erfüllung finden können. Die «soziale Frage» ist an die Oberfläche der geschichtlichen Entwickelung der Menschheit getreten, und sie wird von jetzt an immer da sein. Und sie wird eine Denk- und Empfindungsrichtung fordern, welche die volle Anpassung des Geisteswesens an das soziale Gesamtleben und die fortwährende Befruchtung dieses Geisteswesens aus den Impulsen des Gesamtlebens zur Voraussetzung haben werden. Man wird nicht sozialisieren können, damit dann sozialisiert sei, man wird immer von Neuem sozialisieren müssen; oder auch: man wird das Gesellschaftsleben im Zustande des Sozialisierens erhalten müssen.

Aus den im bisherigen Geisteswesen, insbesondere im Erziehungs- und Schulwesen begründeten Richtungen ist das unsoziale, ja oft antisoziale Empfinden derjenigen entstanden, die gegenwärtig sich gerade als sozialistisch Denkende gebärden. Das lebensfremde Geistesleben hat eine verkehrte

Anschauung über das Geistesleben selbst hervorgerufen. Weite Kreise denken heute, die wahren Impulse des Menschenlebens liegen in den Wirtschaftsformen; auch das Geistesleben sei bloß eine Art aus dem Wirtschaftsleben sich ergebender «Überbau», eine Ideologie, die aus der Art des Wirtschaftens aufsteigt. Zu einer solchen Anschauung bekennt sich mehr oder weniger unbewußt oder bewußt fast das gesamte, die gegenwärtigen Zeitforderungen tragende Proletariat. Dieses Proletariat hat sich in einem Zeitalter entwickelt, in dem das Geisteswesen darauf verzichtet hat, sich Richtung und Ziel aus sich selbst heraus zu geben, in dem die äußere, soziale Ausgestaltung dieses Geisteswesens zu einem Ergebnis des Staats- und Wirtschaftslebens geworden ist. Dieses Geistesleben hat sich in einen Zustand gebracht, aus dem es nur durch seine Selbstverwaltung herauskommen kann. Das Proletariat, das durch Technik und Kapitalsystem ganz in das Wirtschaftsleben eingespannt ist, glaubt nun: eine bloße Umgestaltung des Wirtschaftslebens werde auch die notwendigen neuen Rechts- und Geistesformen «von selbst» erbringen. Dieses Proletariat hat erfahren müssen, daß das neuzeitliche Geistesleben zu einem Anhängsel des Staats- und Wirtschaftslebens geworden ist, und hat sich die Meinung gebildet: jedes Geistesleben sei ein solches Anhängsel. Es würde, wenn es diese Anschauung in einem sozialen Organismus verwirklicht sähe, zu seiner allerbittersten Enttäuschung wahrnehmen müssen, daß ein Geistesleben, das aus einer sozialen Gestaltung hervorgegangen ist, die nur auf wirtschaftlicher Grundlage ruht, zu noch kläglicheren Zuständen geführt hätte, als die gegenwärtigen sind. Das Proletariat wird sich durchringen müssen zu der Erkenntnis, daß die gegenwärtige Lage nicht gebessert werden kann durch die bloße Umgestaltung des Wirtschaftslebens, sondern durch die Loslösung des Geisteswesens und Rechtswesens von dem Wirtschaftsleben in dem dreigliedrigen gesunden sozialen Organismus. Erst dann wird die proletarische Bewegung auf dem rechten Boden stehen, wenn sie nicht mehr sagen wird: Das neuere Wirtschaftsleben hat ein Geistes- und Rechtsleben erzeugt, die unsozial wirken; man muß ein anderes Wirtschaftsleben herbeiführen, das dann auch ein anderes Geistes- und Rechtswesen aus sich hervorbringen wird; sondern wenn es sagen wird: Das neuere Kulturleben hat zu einem Wirtschaftssystem geführt, das nur umgewandelt werden kann, wenn das neue das Rechts- und Geistesleben von sich loslöst und ihrer Selbstverwaltung übergibt, um auf diese Art auch zu seiner Selbstverwaltung zu kommen. Denn dieses neuere Kulturleben hat zur Abhängigkeit alles Nicht-Wirtschaftlichen vom Wirtschaftlichen geführt: in der Aufhebung dieser Abhängigkeit, nicht in einer noch größeren Abhängigkeit, liegt die Gesundung. Die Einspannung des modernen Proletariats in das bloße Wirtschaftsleben hat zu dem Glauben geführt, daß in einer Umgestaltung des Wirtschaftslebens allein die Gesundung liegt. Der Tag, der das Proletariat von diesem Aberglauben befreien wird, der seine Instinkte erkennen lassen wird, daß das Geistes- und Rechtsleben nicht eine aus dem Wirtschaftswesen geborene Ideologie sein darf, sondern daß das Unheilvolle der neueren Zeit eben darin liegt, daß eine solche Ideologie geboren worden ist: dieser Tag wird die Morgenröte bringen, auf die so viele Menschen warten.

Ein Wirtschaftsleben, an dem der Staat nicht mitwirtschaftet, wird hervorgehen können aus den unbeeinflußten wirtschaftlichen Erfahrungen auf der einen Seite und aus den besonderen wirtschaftlichen Untergründen, auf denen das wirtschaftliche Leben von Personen und Personengruppen ruht. Wirtschaftliche Erfahrung kann nicht auf dem Boden sich ausleben, auf dem sich offenbaren soll, was in jedem mündig gewordenen Menschen liegt, sondern nur auf dem Boden des aus sich selbst sich gestaltenden Wirtschaftskörpers. Und die Geltung, die ein Mensch dadurch hat, daß er in einem besonderen Zweige des Wirtschaftslebens drinnensteht, kann sich nicht äußern in der Struktur des Staatslebens, in der sich verwirklichen soll, was für alle Menschen gleich gilt, sondern nur in der Wirkung, die von diesem Menschen ausgeht auf andere Zweige des Wirtschaftslebens. Die Menschen, die einem Wirtschaftszweig angehören, werden sich in sich zusammenschließen müssen; sie werden sich zusammengliedern müssen zu Assoziationen mit Menschen aus anderen Wirtschaftszweigen. Konsumtions- und Produktionsinteressen werden in dem lebendigen Verkehr solcher Assoziationen und Genossenschaften sich organisieren können. Im Wirtschaftskreislauf werden dadurch nur wirtschaftliche Impulse ihre Verwirklichung finden können.

Der Handarbeiter wird dem Geistesarbeiter so gegenüberstehen, daß zwischen ihnen nur wirtschaftliche Fragen werden in Betracht kommen, weil das Rechtsverhältnis auf dem abgesonderten Rechtsboden seine Regelung findet. Ein freier Gesellschafter wird der Handarbeiter dem geistigen Leiter seines Betriebes sein können, weil nur die aus der Wirtschaftsgrundlage heraus sich ergebende Aufteilung des gemeinsam Erarbeiteten wird in Betracht kommen können und nicht ein wirtschaftlicher Zwang, der durch die wirtschaftlich bessere Lage des Arbeitsleiters hervorgerufen wird. Die assoziative Gliederung des Wirtschaftskörpers wird den Handarbeiter in Zusammenhänge des Lebens bringen, welche in sein Vertragsverhältnis zum geistigen Arbeitsleiter ganz andere Gesichtspunkte bringen werden als seine gegenwärtige Stellung, die ihn nicht zum Teilnehmer des Produktionsergebnisses, sondern zum Kämpfer gegen die Interessen seines Unternehmers macht. Der Handarbeiter wird aus den Erkenntnissen, die er gewinnt aus seiner wirtschaftlichen Lage als Konsument, das gleiche Interesse, nicht das entgegengesetzte, gewinnen an seinem Produktionszweige wie sein geistiger Leiter. Das kann sich nicht ergeben in einem Wirtschaftsleben, dessen Impuls die Rentabilität des Kapitalbesitzes ist, sondern allein in einem solchen, das die Werte der Erzeugnisse aus den sich ausgleichenden Konsum- und Produktionsverhältnissen der sozialen Gesamtheit regeln kann. Eine solche soziale Gemeinschaft ist aber nur möglich, wenn die speziellen Berufs-, Konsum- und Produktionsinteressen ihren Ausdruck finden in Assoziationen, die aus den einzelnen Zweigen des Wirtschaftslebens selbst hervorgehen und die in der Gesamtgliederung des Wirtschaftskörpers sich miteinander verständigen. Aus den speziellen Interessen der einzelnen Wirtschaftszweige werden sich die Einzelassoziationen ergeben; in dem Zusammenschluß dieser Assoziationen und in dem Zentralverwaltungskörper, der sich aus den Wirtschaftsinteressen herausgliedern wird, werden die sozialen Impulse der Güterwertbildung liegen können. Man kann einen einzelnen Betrieb nicht sozialisieren, denn die Sozialisierung kann nur darin liegen, daß die Güterwertbildung, mit der ein einzelner Betrieb in dem Gesamtwirtschaftsleben drinnensteht, nicht unsozial wirkt. Durch eine in dieser Richtung liegende wahre Sozialisierung wird dem Kapitalsystem völlig diejenige Grundlage entzogen, durch die es als Privatbesitz schädlich wirkt. (Die besondere Gestaltung des Kapitalwesens in dem gesunden dreigliederigen Organismus habe ich in meinem Buche «Die Kernpunkte der sozialen Frage» geschildert.) Es sollte doch klar sein, daß man das Kapital nicht «abschaffen» kann, insofern es in nichts anderem besteht als in den für die soziale Gemeinschaft arbeitenden Produktionsmitteln. Schädlich wirkt nicht das Kapital, sondern seine Verwaltung aus den Privatbesitzverhältnissen heraus, wenn diese Privatbesitzverhältnisse die soziale Struktur des Wirtschaftskörpers von sich abhängig machen können. Geht diese Struktur auf die gekennzeichnete Art aus dem wirtschaftlichen Assoziationswesen hervor, dann wird dem Kapital jede Möglichkeit entzogen, antisozial zu wirken. Eine solche soziale Struktur wird stets verhindern, daß der Kapitalbesitz sich loslöst von dem Verwalten der Produktionsmittel und zum Strebensimpuls derer wird, die nicht durch Anteilnahme an dem Wirtschaftsprozeß ihr Leben gestalten wollen, sondern ohne Anteilnahme aus diesem heraus. Man kann allerdings einwenden, daß für diejenigen, die am Wirtschaftsprozeß mitarbeiten, nichts herauskommen würde, wenn man die Erwerbungen der Nichtarbeitenden «aufteilen» würde. Das besticht, weil es richtig ist, und es verhüllt doch die Wahrheit, weil seine Richtigkeit für die Gestaltung des sozialen Organismus keine Bedeutung hat. Denn nicht darauf beruht die Schädlichkeit der nichtarbeitenden Rentenbesitzer, daß sie ein verhältnismäßig Weniges den Arbeitenden entziehen, sondern darauf, daß sie durch die Möglichkeit, arbeitsloses Einkommen zu erzielen, dem ganzen Wirtschaftskörper ein

Gepräge geben, das antisozial wirkt. Derjenige ganze Wirtschaftskörper ist etwas anderes, in dem arbeitsloses Einkommen unmöglich ist, als der andere, in dem ein solches erzeugt werden kann, wie ein menschlicher Organismus etwas anderes ist, bei dem sich an keiner Stelle ein Geschwür bilden kann, als ein solcher, in dem sich das Ungesunde in einer Geschwürbildung an einer Stelle entlädt.

Ein gesunder sozialer Organismus macht aus den gekennzeichneten sozialen Assoziationsbildungen heraus allerdings Einrichtungen notwendig, vor denen die gegenwärtigen wirtschaftlichen Vorurteile noch zurückschrecken. In einem gesunden sozialen Organismus wird eine Summe von Produktionsmitteln dasjenige erschöpft haben, was sie kosten darf, wenn sie für den Betrieb fertiggestellt ist. Sie wird dann verwaltet werden können von dem Hersteller nur so lange, als er mit seinen individuellen Fähigkeiten wird dabei sein können. Dann wird sie überzugehen haben nicht durch Kauf oder Vererbung auf einen anderen, sondern durch kaufloses Übertragen an den, welcher wieder die individuellen Fähigkeiten für die Verwaltung hat. Einen Kaufwert wird sie nicht haben, folglich auch keinen Wert in den Händen eines nichtarbeitenden Erben. Kapital mit selbständiger wirtschaftlicher Kraft wird in der Herstellung von Produktionsmitteln arbeiten; es wird sich auflösen in dem Augenblick, in dem die Produktion der Produktionsmittel abgeschlossen ist. Das gegenwärtige Kapital besteht aber im wesentlichen gerade in «produzierten Produktionsmitteln».

Der sozial richtige Wert eines Gutes (einer Ware) kann sich nur im Vergleich mit anderen Gütern ergeben. Er muß gleich sein dem Wert aller anderen Güter, welche der Hersteller zur Befriedigung seiner Bedürfnisse braucht bis zu dem Zeitpunkte, in dem er ein gleiches Gut wieder hergestellt hat, unter Berücksichtigung derjenigen Bedürfnisse, die durch ihn bei anderen Menschen befriedigt werden müssen. (In die letzteren Bedürfnisse sind einzurechnen zum Beispiel die seiner Kinder, der Teil, den er zur Erhaltung erwerbsunfähiger Menschen zu leisten hat usw.) Daß ein solcher Güterwert zustande komme, muß durch die Einrichtungen eines gesunden Wirtschaftslebens vermittelt werden. Diese Einrichtungen können nur durch ein Netz von Korporationen geschaffen werden, welche aus den Erfahrungen der Konsumtion die Produktion regeln. Es kann selbstverständlich nicht von einer Beurteilung der Berechtigung von Bedürfnissen die Rede sein, sondern nur von einer durch die wirtschaftliche Erfahrung und die wirklichen wirtschaftlichen Verhältnisse gestützten Vermittelung zwischen Konsum und Produktion. Entstehende Bedürfnisse, die von der Gesamtheit eines Wirtschaftskreises nicht getragen werden können, werden keinen Gegenwert finden können in den Gütern, welche derjenige herstellt, der die Bedürfnisse hat.

Nur ein solcher Wirtschaftskreislauf wird in dieser Art seine Regelung finden können, der aus den sich gegenseitig stützenden auf Sacherkenntnis und Sachunterlagen beruhenden Maßnahmen der einzelnen Wirtschaftskorporationen heraus entsteht. Jedes Hineinwirken einer Demokratie müßte unterdrückend auf das Ausleben der Sacherkenntnis wirken. Ebenso aber muß auf alles, was aus dem Einflusse der Demokratie hervorgehen soll, das Interesse des Wirtschaftlichen zerstörend wirken.

In der Dreigliederung des sozialen Organismus in ein selbständiges Geistesglied, ein ebensolches Rechtsglied und

Wirtschaftsglied liegt die Gesundung dieses Organismus. Die Gliederung wird ja nicht so sein, daß sie die Menschen in drei Stände trennt, sondern so, daß ein Mensch mit seinen gesamtmenschlichen Interessen an allen drei Gliedern teil hat. Es wird die Trennung nur eben so vollzogen sein, daß zum Beispiel im Rechtsorganismus oder im Geistesorganismus nichts zu beschließen sein wird, was aus den Interessen des Wirtschaftskreises entspringt. Im Einheitsstaate, in dem die drei Glieder des Lebens ineinander verfließen, wird eine wirtschaftliche Gruppe ihre Interessen zum Gesetz, zum öffentlichen Recht machen können. In dem dreigliedrigen Organismus wird dies nicht geschehen können, weil wirtschaftliche Interessen nur im Wirtschaftskreislauf sich ausleben können und keine Möglichkeit besteht, sie in das Recht hinüberfließen zu lassen.

Der Zusammenschluß der drei Glieder durch eine Gesamtkörperschaft, die aus den Delegierten der drei Zentralverwaltungen und Zentralvertretungen sich ergibt, wird die denkbar größte Gewähr dafür bieten, daß nicht das eine Gebiet durch das andere vergewaltigt werde. Denn diese Zentralverwaltungen und Zentralvertretungen werden zu rechnen haben mit dem, was sich in ihren Gebieten auf Grund sachlicher Maßnahmen ergibt. Sie werden nicht in die Lage kommen, zum Beispiel das Rechts- oder das Geistesleben von dem Wirtschaftsleben unberechtigt beeinflussen zu lassen, denn sie setzten sich dadurch in Widerspruch mit dem, was sachgemäß in jedem einzelnen Gebiete unabhängig von dem andern sich vollzieht. Ist eine Einflußnahme des einen Gebietes auf das andere nötig, so wird die sachliche Grundlage dazu nicht im Interessenkreise einer Gruppe, sondern nur in dem des ganzen Gebietes liegen können.

Niemand sollte den Glauben haben, daß durch irgendeine soziale Einrichtung das entstehen könne, was er sich vielleicht als einen «Idealzustand» vorstellt. Was erreicht werden kann, ist der lebensfähige gesunde soziale Organismus. Was darüber hinausgeht, müssen die Menschen durch anderes finden als durch die soziale Gestaltung. Die Aufgabe dieser Gestaltung kann nicht darin liegen, das «Glück» zu begründen, sondern die Lebensbedingungen des gesunden sozialen Organismus zu finden. In einem solchen aber müssen die Menschen das suchen können, was sie zu einem menschenwürdigen Dasein nötig finden. Auch der natürliche gesunde Organismus schafft von sich aus nicht, was die Seele an innerer Kultur entfalten muß; ein kranker natürlicher Organismus verhindert sie daran. Und ein gesunder sozialer Organismus kann nur die Voraussetzungen schaffen für dasjenige, was die Menschen in ihm durch ihre individuellen Fähigkeiten und Bedürfnisse entwickeln wollen.

Wer als Utopie oder Ideologie verketzert, was sich als Richtlinie für eine soziale Gestaltung ergibt, und alles der Entwickelung überlassen will, die durch sich selbst herbeiführt, was sein kann, der gleicht einem Menschen, der unpäßlich wird, weil er in einem Zimmer mit dumpfer Luft sitzt, und der nicht ein Fenster öffnen will, sondern abwartet, bis sich die dumpfe Luft «von selbst» zu einer frischen «entwickelt».

Wer wirklich Demokratie will, der kann an deren wahre Begründung nicht anders denken, als daß er der Selbstverwaltung zuteilt, was diese Begründung durch Verschmelzung mit dem Rechtsstaat unmöglich macht: das Geistesleben und den Wirtschaftskreislauf.

INTERNATIONALE WIRTSCHAFT UND DREIGLIEDRIGER SOZIALER ORGANISMUS

Eine der bedeutsamsten Tatsachen in der neuesten Entwickelungsgeschichte der Menschheit ist der Widerspruch, der sich allmählich herausgebildet hat zwischen den Aufgaben, die sich die Staaten gegeben haben, und der Tendenz, die das Wirtschaftsleben angenommen hat. Die Staaten strebten darnach, in den Kreis ihrer Obliegenheiten die Ordnung des Wirtschaftslebens innerhalb ihrer Grenzen aufzunehmen. Die Personen und Personengruppen, welche das Wirtschaftsleben besorgen, suchen in der staatlichen Macht eine Stütze für ihre Betätigung. Ein Staat steht dem andern gegenüber nicht nur als geistiges und politisch-rechtliches Kulturgebiet, sondern auch als Träger der innerhalb dieses Gebietes sich geltend machenden wirtschaftlichen Interessen.

Die aus dem Marxismus hervorgehende sozialistische Denkungsart möchte diese Bestrebungen der Staaten nicht nur fortsetzen, sondern sogar bis zum Extrem ausbilden. Sie möchte die privatkapitalistische Wirtschaftsform durch die Vergesellschaftung der Produktionsmittel in eine genossenschaftliche überleiten und dabei sich der Rahmen der gegenwärtigen Staaten bedienen. Die in diesen befindlichen Betriebe sollen zusammengefaßt werden zu wirtschaftlichen Organismen, in denen planmäßig gemäß den vorhandenen Bedürfnissen produziert und die Verteilung der Produkte an die im Staate wohnenden Menschen besorgt wird.

Diesem Streben steht gegenüber die Entwickelung, welche das Wirtschaftsleben in der neuesten Zeit genommen hat. Dieses hat die Tendenz, ohne Berücksichtigung der gegebenen Staatsgrenzen, sich zur einheitlichen Weltwirtschaft zu entwickeln. Die Menschheit über die ganze Erde hin will eine einzige Wirtschaftsgemeinschaft werden. In dieser stehen die Staaten darinnen so, daß die in ihnen lebenden Menschen nach Interessen zusammengehalten werden, die in weitem Umfange den wirtschaftlichen Beziehungen, die sich entfalten wollen, widersprechen. Das Wirtschaftsleben will hinauswachsen über die Staatsgebilde, die aus geschichtlichen Bedingungen erstanden sind, die keineswegs den wirtschaftlichen Interessen immer angepaßt waren.

Die Weltkriegskatastrophe hat das Mißverhältnis der historisch gewordenen Staatsgebilde und der Weltwirtschaftsinteressen zur Offenbarung gebracht. Ein großer Teil der Kriegsursachen wird darin gesucht werden müssen, daß die Staaten das Wirtschaftsleben zur Verstärkung ihrer Macht ausnützten, oder daß die wirtschaftenden Menschen durch die Staaten die Förderung ihrer wirtschaftlichen Interessen suchten. Die nationalen Wirtschaften stellten sich störend in die nach Einheit strebende Weltwirtschaft hinein. Sie suchten wirtschaftend für sich als Gewinne einzuheimsen, was nur in dem allgemeinen Wirtschaftsleben zirkulieren sollte.

In den Staaten verbinden sich die geistigen und politisch-rechtlichen Interessen mit den wirtschaftlichen. So, wie sich im Laufe des geschichtlichen Werdens die Staatsgrenzen ergeben haben, wird innerhalb ihrer die beste Art, das Geistige oder Politisch-Rechtliche zu besorgen, nicht zusammenfallen mit der vorteilhaftesten Betätigung auf wirtschaftlichem Gebiete. Und wenn ernst gemacht wird mit den berechtigten Forderungen der neueren Menschheit nach Freiheit im geistigen Leben, nach Demokratisierung des

Staatslebens und Sozialisierung des Wirtschaftswesens, dann kann gar nicht daran gedacht werden, daß die Verwaltungen des Geistigen und der Rechtsverhältnisse auch maßgebend sein sollen für die Ordnung des Wirtschaftslebens. Denn es müßten die internationalen geistigen und Rechtsbeziehungen sklavisch den Wirtschaftsverhältnissen sich anpassen, die in ihrer Art etwas Zwingendes für ihre Gestaltung haben.

Der marxistische Sozialismus kommt theoretisch über das gekennzeichnete Bedenken allerdings leicht hinweg. Er gibt sich der Meinung hin, daß die geistigen Errungenschaften und die rechtlichen Maßnahmen ideologische Ergebnisse der wirtschaftlichen Tatsachen sind. Er glaubt daher, daß er sich zunächst um die Gestaltung des Geistigen und des Rechtlichen nicht zu sorgen hat. Er will abgeschlossene Großwirtschaften schaffen und ist der Ansicht, innerhalb dieser werden geistige und rechtliche Lebensverhältnisse entstehen, deren internationale Beziehungen «von selbst» sich einstellen werden, wenn die Großwirtschaften miteinander in Verkehr treten werden. Dieser Sozialismus hat eine Wahrheit durchschaut; aber diese Wahrheit ist eine einseitige. Er hat erkannt, daß in den bisherigen Staaten Produktionszweige geleitet und Waren verwaltet werden und daß diese Leitung und diese Verwaltung vereinigt ist mit einer Regierung über Menschen, die der Freiheit des Geisteslebens und der vollkommenen Gestaltung des Rechtslebens nicht entspricht. Er zieht aus dieser Erkenntnis die Folgerung, daß in der Zukunft von dem sozialen Organismus nur mehr Waren verwaltet und Produktionszweige geleitet werden sollen. Weil er meint, daß daraus das Geistige und das Politisch-Rechtliche sich «von selbst» ergibt, so übersieht er, daß in dem

Maße, in dem aufgehört wird, mit der Ordnung der Produktionszweige zugleich die in diesen betätigten Menschen zu regieren, diese Regierung durch etwas anderes ersetzt werden muß.

Die Idee der Dreigliederung des sozialen Organismus trägt dem Rechnung, was der marxistische Sozialismus übersieht. Sie macht Ernst damit, das Wirtschaftsleben nur von den Gesichtspunkten aus zu verwalten, die sich aus ihm selbst ergeben. Aber durch sie wird auch erkannt, daß die geistigen Bedürfnisse und die rechtlichen Forderungen der Menschen in besonderen Verwaltungen geordnet werden müssen. Dadurch aber werden auch die internationalen geistigen Beziehungen und die Rechtsverhältnisse unabhängig von dem Weltwirtschaftsleben, das seine eigenen Wege gehen muß.

Dadurch werden Konflikte, die sich auf einem Lebensgebiete ergeben, ausgeglichen von einem andern aus. Zwei Staaten oder Staatenbündnisse, die in einem wirtschaftlichen Konflikte sind, ziehen ihre geistigen und rechtlichen Interessen in den Konflikt mit hinein, wenn sie Einheitsstaaten in dem Sinne sind, daß in ihren Verwaltungen geistige, rechtliche und wirtschaftliche Regelungen verbunden sind. Bei sozialen Organismen, die für jedes dieser drei Lebensgebiete eine eigene Verwaltung haben, wird zum Beispiele auf widerstreitende geistige Interessen die wirtschaftliche Interessenbeziehung ausgleichend wirken können.

In dem südöstlichen Winkel Europas, von dem die Weltkriegskatastrophe ihren Ausgang genommen hat, konnte man beobachten, wie die Vermengung der drei Lebensgebiete durch die Einheitsstaaten wirkte. Der geistige Gegensatz zwischen Slawentum und Germanentum lag dem Geschehen im allgemeinen zugrunde. Zu ihm kam ein politisches Element des öffentlichen Rechts. In der Türkei traten die demokratisch denkenden Jungtürken an die Stelle der alten reaktionären Regierung. Als Folge dieser politischen Umgestaltung trat die Annexion Bosniens und der Herzegowina durch Österreich ein, das nicht zusehen wollte, wie durch die türkische Demokratie die Bewohner dieser Länder in deren Parlamentarismus einbezogen wurden, obgleich sie trotz ihrer seit dem Berliner Kongreß schon bestehenden Okkupation rechtlich zur Türkei gehörten. Als drittes ergab sich ein wirtschaftliches Streben Österreichs. Dieses beabsichtigte, eine Bahnlinie von Serajewo nach Mitrowitza auszubauen und auf diese Weise eine in seinem Interesse liegende Handelsverbindung mit dem Ägäischen Meere zu begründen. Aus diesen drei Momenten ergaben sich wichtige Teilglieder der Kriegsursachen. Würden Bahnlinien nur aus wirtschaftlichen Gesichtspunkten heraus von Wirtschaftsverwaltungen gebaut, so könnten sie nicht in die Konfliktskräfte aufgenommen werden, die zwischen Staaten aus anderen Untergründen vorhanden sind.

Deutlich ist auch an den Verhandlungen über das Bagdadproblem zu ersehen, wie da fortwährend national-geistige und politisch-rechtliche Interessen sich gegenüber den wirtschaftlichen Gesichtspunkten geltend machten. Die wirtschaftlichen Vorteile einer solchen Bahn würden ganz vom Gesichtspunkte der Weltwirtschaft ins Auge gefaßt werden können, wenn an den Verhandlungen nur Wirtschaftsverwaltungen beteiligt wären, die nicht in ihren Entschlüssen durch ihren Zusammenhang mit andern, staatlichen Interessen bestimmt werden könnten.

Man kann selbstverständlich einwenden, daß auch in älteren Zeiten Konflikte zwischen den Staaten durch solche

Vermengung der wirtschaftlichen Interessen mit den geistigen und den politisch-rechtlichen entstanden sind. Aber dieser Einwand sollte nicht gegen die Idee der Dreigliederung des sozialen Organismus gemacht werden. Denn diese Idee wird aus dem Gegenwartsbewußtsein der Menschheit heraus geformt, dem Katastrophen, die in der geschichtlichen Art entstehen, unerträglich sind, während sie von den Menschen früherer Zeitepochen anders empfunden worden sind. Menschen, die nicht wie die gegenwärtigen die Freiheit des Geisteslebens, die Demokratisierung der politischen Verhältnisse und die Sozialisierung des Wirtschaftens anstrebten, konnten nicht einen sozialen Organismus in Aussicht nehmen, der allein ernst mit diesem Streben macht. Für die Art, wie sie sich den sozialen Organismus als ihnen angemessen instinktiv dachten, waren die entsprechenden internationalen Konflikte auch etwas, das sie wie eine Naturnotwendigkeit hinnehmen mußten.

Die Erweiterung der nationalen Wirtschaften zur einheitlichen Weltwirtschaft kann nicht verwirklicht werden, wenn nicht in den einzelnen sozialen Organismen das Wirtschaftsleben von dem geistigen und dem politisch-rechtlichen abgegliedert wird. Es gibt solche Menschen, die der Idee der Dreigliederung im allgemeinen sympathisch gegenüberstehen, weil sie deren Berechtigung aus den Lebensnotwendigkeiten der Gegenwart und Zukunft einsehen, die ihr aber doch nicht ernstlich nähertreten wollen, weil sie der Meinung sind, ein einzelner Staat könne mit ihrer Verwirklichung nicht den Anfang machen. Denn die anderen Staaten, die den Einheitscharakter beibehalten, würden durch ihre wirtschaftlichen Maßnahmen dem dreigegliederten sozialen Organismus das Leben unmöglich machen. Ein solcher

Einwand ist berechtigt gegen die Gestaltung eines Staates im Sinne des marxistischen Sozialismus. Die Idee der Dreigliederung des sozialen Organismus kann er nicht treffen. Eine in den Rahmen einer gegenwärtigen Staatsverwaltung gezwängte Groß-Wirtschaftsgenossenschaft könnte ökonomisch vorteilhafte Beziehungen zu dem privatkapitalistisch-wirtschaftlichen Auslande nicht ausgestalten. Wirtschaftliche Betriebe, zentralistisch verwaltet, sind in ihrer freien Entfaltung, die in den Auslandsbeziehungen herrschen muß, gehemmt. Die freie Initiative und die Schnelligkeit, die für die Entschlüsse innerhalb solcher Beziehungen notwendig sind, lassen sich nur erreichen, wenn Inlandsbetrieb und Auslandsmarkt sowie Auslandsbetrieb und Inlandsmarkt in unmittelbarem durch die beteiligten Personen allein vermittelten Verkehr stehen. Wer dies betont gegenüber den Groß-Wirtschaftsgenossenschaften, die zentralistisch verwaltet werden sollen, wird immer recht behalten, auch wenn die Befürworter solcher Genossenschaften den Betriebsleitern eine weitgehende Selbständigkeit zugestehen wollen. In der Praxis würde zum Beispiel die Beschaffung von Rohstoffen, an der allerlei Verwaltungsinstanzen beteiligt sein müßten, einen Geschäftsgang ergeben, der mit der Art, wie Auslandsforderungen befriedigt werden müssen, nicht in Einklang gebracht werden könnte. Ähnliche Schwierigkeiten müßten sich ergeben, wenn Bestellungen im Auslande gemacht werden sollten.

Die Idee der Dreigliederung des sozialen Organismus will das Wirtschaftsleben auf seinen eigenen Boden stellen. Der marxistische Sozialismus macht den Staat zur wirtschaftlichen Organisation. Die Dreigliederung löst das Wirtschaftsleben vom Staate los. Sie kann daher nicht andere

Maßnahmen ins Auge fassen als solche, die sich aus den Anforderungen des Wirtschaftslebens selbst ergeben. Dieses aber wird ertötet, wenn es auf eine zentralistisch orientierte Verwaltung aufgebaut wird; es muß hinsichtlich der Anordnung und Verrichtung der für die Produktion zu leistenden Arbeit auf der freien Initiative wirtschaftender Menschen beruhen. Verbunden mit dieser freien Initiative kann sein, daß die Früchte des Produzierens innerhalb des sozialen Organismus in der Art durch sozial gerechtfertigte Preise dem Konsumentenbedürfnisse entsprechen, wie dies in meinem vorigen Artikel gekennzeichnet ist. Die Wahrung der freien Initiative der Betriebsleitungen ist nur möglich, wenn diese nicht in eine Zentralverwaltung eingespannt sind, sondern wenn sie sich in Assoziationen zusammenschließen. Dadurch wird erreicht, daß nicht eine zentralistische Verwaltung maßgebend ist für dasjenige, was in den Betrieben geschieht; sondern es bleibt den Betrieben ihre volle Freiheit, und die soziale Orientierung des Wirtschaftskörpers geht aus den Abmachungen der selbständigen Betriebe hervor. Eine Betriebsleitung, die für den Export arbeitet, wird in dem Verkehr mit dem Auslande aus völlig freier Initiative handeln können; und sie wird im Inlande Beziehungen zu solchen Assoziationen unterhalten, die ihr in der Belieferung von Rohstoffen und ähnlichem am förderlichsten bei der Befriedigung der Auslandsforderungen sind. Ein gleiches wird auch für einen Importbetrieb möglich sein. Notwendig allerdings wird sein, daß durch den Verkehr mit dem Auslande nicht Produkte in das Inland gebracht werden, deren Herstellungskosten oder Kaufpreis die Lebenshaltung der Bevölkerung beeinträchtigen. Ebensowenig werden durch die Beziehungen zum Auslande im

Inlande notwendige Produktionszweige zerstört werden dürfen dadurch, daß in ihnen wegen der Billigkeit der entsprechenden Auslandsware nicht gearbeitet werden kann. Aber alles dieses kann durch die Wirkung der Assoziationseinrichtungen verhindert werden. Würde ein Betrieb oder eine Handelsgesellschaft in der angedeuteten Art zum Schaden des Inlandes arbeiten wollen, so würden sie durch die entsprechenden Assoziationen, von denen sie sich nicht ausschließen können, ohne ihre Arbeit unmöglich zu machen, verhindert werden können. Allerdings kann die Notwendigkeit eintreten, daß man für gewisse Produkte, die man aus diesen oder jenen Gründen vom Auslande beziehen muß, zu hohe Preise zahlen muß. Für diese Notwendigkeit wird in Betracht kommen, was Seite 126 meiner «Kernpunkte der sozialen Frage» gesagt ist: «Auch wird eine Verwaltung, die es nur zu tun hat mit dem Kreislauf des Wirtschaftslebens, zu Ausgleichen führen können, die etwa aus diesem Kreislauf heraus als notwendig sich ergeben. Sollte zum Beispiel ein Betrieb nicht in der Lage sein, seinen Darleihern ihre Arbeitsersparnisse zu verzinsen, so wird, wenn er doch als einem Bedürfnis entsprechend anerkannt wird, aus anderen Wirtschaftsbetrieben nach freier Übereinkunft mit allen an den letzteren beteiligten Personen das Fehlende zugeschossen werden können.» So wird auch der zu hohe Preis einer Auslandsware durch Zuschüsse ausgeglichen werden können, die aus Betrieben herrühren, welche gegenüber den Bedürfnissen der in ihnen Arbeitenden zu hohe Erträgnisse liefern können.

Neben allen solchen Vorkehrungen, durch die ein dreigliedriger sozialer Organismus die Schäden ausgleichen kann, die ihm aus dem wirtschaftlichen Verkehr mit Staaten erwachsen, die von der Dreigliederung nichts wissen wollen, können allerdings noch andere notwendig sein, die dem Prinzip des Schutzzolles entsprechen. Es ist leicht einzusehen, daß durch die Verselbständigung des Wirtschaftslebens solchen Maßnahmen andere Grundlagen geschaffen werden, als sie vorhanden sind, wenn die Behandlung der Ein- und Ausfuhr abhängig ist von Mehrheitsbeschlüssen, die zustande kommen durch die Rechts- und geistigen Interessen sich zusammenschließender Menschengruppen. Denn die Tätigkeit der aus sachlichen Gründen zusammenwirkenden Wirtschaftsorganisationen wird (im Sinne der Seite 216 geltend gemachten Prinzipien) abzielen auf die sozial wirkende Preisbildung und wird nicht hervorgehen können aus den Gewinninteressen einzelner wirtschaftlicher Gruppen. Daher wird ein Wirtschaftsleben sozial dreigliedriger Organismen dem Ideal des Freihandels zustreben. Dieser wird bei einem einheitlichen Weltwirtschaftsgebiet die günstigste Grundlage dafür bieten, daß nicht in einzelnen Erdgebieten zu teuer oder zu billig produziert wird. Ein von nicht sozial dreigliedrigen Organismen umgebener Gesellschaftskörper mit selbständiger Wirtschaftsverwaltung wird allerdings genötigt sein, gewisse Produktionszweige vor einer wirtschaftlich unmöglichen Verbilligung dadurch zu schützen, daß er Zölle erhebt, deren Verwaltung damit betraute Assoziationen innerhalb des Kreises des Wirtschaftslebens zugunsten gemeinnütziger Werke besorgen.

Es wird sich, wenn Nachteile auf die angedeutete Art abgehalten werden, für den einzelstehenden dreigliedrigen Organismus ergeben, daß er gegenüber dem Auslande als ein umfassendes Wirtschaftsgebilde wirkt, dessen innere Struktur im Verkehr mit ungegliederten Staaten für ihn selbst keine Bedeutung hat, weil dieser Verkehr auf der freien Initiative der wirtschaftenden Menschen und nicht auf der inneren Struktur beruht. Dagegen wird der Fortgang zur Dreigliederung bei einem einzelnen Staate im hohen Grade vorbildlich auf die anderen wirken. Und dies nicht nur in moralischer Art durch die sozial gestaltete Lebenshaltung der Bewohner des dreigliedrigen Organismus, sondern auch durch das Auftreten von rein wirtschaftlichen Interessen. Solche werden sich dadurch ergeben, daß für die ungegliederten Staaten der dreigliedrige in deutlich bemerkbarer Art sich weniger profitabel erweist, wenn sie bei ihrer Einheitsstruktur bleiben, als wenn sie auch zur Dreigliederung übergehen würden. So kann gerade ein einzelner dreigliedriger sozialer Organismus den Anstoß dazu geben, die Hindernisse der Ausgestaltung einer einheitlichen Weltwirtschaft aus dem Wege zu schaffen. Daß er selbst keine Schäden erleidet als einzelner Wirtschaftskörper, das kann er durch seine auf freien Assoziationen beruhende Struktur bewirken; daß die Störung, die er für die Einheitsstaaten bewirkt, nicht zur Boykottierung seiner Wirtschaft führt, kann er dadurch erzielen, daß er durch rationelle Gliederung seiner Arbeit gewisse Produkte erzeugt, die das Ausland nur bei ihm am besten beziehen kann; daß er eine Oase bildet innerhalb des Gebietes, in dem er mit den nationalen Wirtschaften zusammenliegt, wird für diese ein Beweis werden, daß der Übergang zur Dreigliederung ein wirtschaftlicher und ein allgemeiner Menschheitsfortschritt ist.

Es wird heute – und mit Recht – von vielen Seiten betont, daß die Rettung der Weltwirtschaft durch die Erhöhung der unter der Weltkatastrophe im höchsten Maße zurückgegangenen Arbeitsbereitschaft kommen müsse. Wer die Menschennatur kennt, kann wissen, daß diese Arbeitsbereitschaft nur kommen kann, wenn die Überzeugung sich verbreitet, daß die Arbeit in der Zukunft unter sozialen Verhältnissen stehen wird, die den Menschen ein menschliches Dasein sichern. Daß die alten sozialen Verhältnisse dieses noch weiter bringen können, dieser Glaube ist in weitesten Kreisen erschüttert. Und innerhalb gewisser Gebiete hat ihn die Weltkriegskatastrophe völlig vernichtet. Die Idee von der Dreigliederung des sozialen Organismus wird eine überzeugende Kraft in der angedeuteten Richtung haben. Sie wird durch die Ausblicke, die sie in die soziale Menschenzukunft eröffnet, Antriebe zur Arbeit erzeugen. Sie so zu verbreiten, daß sie verständnisvoll aufgenommen werden kann und die entgegenstehenden Bedenken zum Schweigen bringt, erscheint als ein wesentlicher Teil der Aufgabe, die in der Gegenwart für das soziale Problem erstanden ist.

GEISTESLEBEN, RECHTSORDNUNG, WIRTSCHAFT

Innerhalb der gegenwärtigen sozialen Bewegung wird viel von sozialen Einrichtungen, wenig aber von sozialen und unsozialen Menschen geredet. Die «soziale Frage» findet kaum Beachtung, die sich erhebt, wenn man beachtet, daß gesellschaftliche Einrichtungen ihr soziales oder antisoziales Gepräge durch die Menschen erhalten, die in denselben wirken. Sozialistische Denker glauben, in der Verwaltung der Produktionsmittel durch die Gemeinschaften das sehen zu müssen, was die Forderungen weiter Volkskreise befriedigen werde. Sie setzen dabei ohne weiteres voraus, daß bei einer solchen Verwaltung das menschliche Zusammenwirken sich im sozialen Sinne gestalten müsse. Sie haben gesehen, daß die privatkapitalistische Wirtschaftsordnung zu unsozialen Zuständen geführt hat. Sie meinen, wenn diese Wirtschaftsordnung verschwunden sein werde, müssen auch deren antisoziale Wirkungen aufgehört haben.

Sicherlich sind mit der modernen privatkapitalistischen Wirtschaftsform soziale Schäden im weitesten Umfange entstanden. Aber ist denn irgendwie erwiesen, daß diese eine notwendige Folge jener Wirtschaftsordnung sind? Nun kann aber eine Wirtschaftsordnung durch ihr eigenes Wesen nichts anderes bewirken, als daß sie Menschen in Lebenslagen bringt, durch die sie für sich und andere Güter in zweckmäßiger oder unzweckmäßiger Art erzeugen. Die moderne Wirtschaftsordnung hat die Produktionsmittel in die Macht einzelner Personen oder Personengruppen gebracht. Die technischen Errungenschaften ließen sich durch die wirtschaftliche Machtkonzentration am zweckmäßigsten ausnützen. Solange diese Macht sich nur auf dem Gebiete der Gütererzeugung betätigt, hat sie eine wesentlich andere soziale Wirkung, als wenn sie auf das rechtliche oder geistige Lebensgebiet übergreift. Und dieses Übergreifen hat im Laufe der letzten Jahrhunderte zu den sozialen Schäden geführt, auf deren Beseitigung die moderne soziale Bewegung dringt. Derjenige, der im Besitze der Produktionsmittel ist, erhält über andere eine wirtschaftliche Übermacht. Diese führte dazu, daß er in den Verwaltungen und Volksvertretungen die ihm helfenden Kräfte fand, durch die er sich auch andere gesellschaftliche Vormachtstellungen gegenüber den von ihm wirtschaftlich Abhängigen verschaffen konnte, die auch in einer demokratischen Staatsordnung einen praktisch rechtlichen Charakter tragen. Ebenso führte die wirtschaftliche Übermacht zu einer Monopolisierung des geistigen Lebens bei den wirtschaftlich Mächtigen.

Es scheint nun das Einfachste zu sein, die wirtschaftliche Übermacht bei den Einzelnen zu beseitigen, um auch deren rechtliche und geistige Übermacht aus der Welt zu schaffen. Man kommt zu dieser «Einfachheit» des sozialen Denkens, wenn man nicht bedenkt, daß in der von dem modernen Leben gebotenen Verbindung von technischer und wirtschaftlicher Betätigung die Notwendigkeit liegt, im Betriebe des Wirtschaftslebens Initiative und individuelle Tüchtigkeit der Einzelnen zur möglichst fruchtbaren Entfaltung kommen zu lassen. Die Art, wie unter den modernen Bedingungen produziert werden muß, macht dies notwendig. Der Einzelne kann seine Fähigkeiten im Wirtschaften nicht zur Geltung bringen, wenn er in seiner Arbeit und in seinen Entschließungen an den Willen der Gemeinschaft gebunden ist. Möge der Gedanke noch so stark blenden: der Einzelne soll nicht für sich, sondern für die Gesamtheit produzieren; seine Richtigkeit innerhalb gewisser Grenzen sollte nicht verhindern, auch die andere Wahrheit anzuerkennen, daß aus der Gesamtheit heraus keine wirtschaftlichen Entschließungen stammen können, die sich in der wünschenswerten Art durch die Einzelnen verwirklichen lassen. Deshalb kann ein wirklichkeitsgemäßes Denken die Heilung sozialer Schäden nicht in einer neuen Gestaltung des Wirtschaftslebens suchen, durch die ein gesellschaftliches Produzieren an die Stelle der Verwaltung der Produktionsmittel durch Einzelne trete. Es muß vielmehr angestrebt werden, die Schäden, die bei dem Walten der Initiative und Tüchtigkeit der Einzelnen entstehen können, ohne Beeinträchtigung dieses Waltens zu verhindern. Das ist nur möglich, wenn die rechtlichen Beziehungen der wirtschaftenden Menschen nicht von den Interessen des Wirtschaftslebens beeinflußt werden, und wenn auch dasjenige, was für die Menschen durch das Geistesleben geleistet werden soll, von diesen Interessen unabhängig ist.

Man kann nicht sagen, die Verwalter des Wirtschaftslebens können sich doch, trotz ihrer Inanspruchnahme durch die wirtschaftlichen Interessen, ein gesundes Urteil über die Rechtsverhältnisse wahren; und da sie aus ihren Erfahrungen und ihrer Arbeit die Bedürfnisse des Wirtschaftslebens gut kennen, so werden sie auch das Rechtsleben, das sich innerhalb des Wirtschaftskreislaufes entfalten soll, am besten ordnen können. Wer eine solche Meinung hat, der beachtet nicht, daß der Mensch aus einem gewissen Lebensgebiete heraus nur die Interessen dieses Gebietes entwickeln kann. Aus dem Wirtschaftsleben heraus kann er nur wirtschaftliche Interessen entwickeln. Soll er aus ihm auch die Rechtsinteressen entfalten, so werden diese nur verkappte Wirtschaftsinteressen sein. Wahrhaftige Rechtsinteressen können nur auf einem Boden entstehen, auf dem das Rechtsleben seine abgesonderte Pflege findet. Auf einem solchen Boden wird man nur nach dem fragen, was rechtens ist. Und wenn man im Sinne solcher Fragen Rechtsregelungen vorgenommen hat, dann wird, was so entstanden ist, auf das Wirtschaftsleben einwirken. Man wird dem Einzelnen keine Beschränkung aufzuerlegen brauchen in bezug auf die Aneignung der wirtschaftlichen Macht; denn diese Macht wird nur dazu führen, daß er seinen Fähigkeiten gemäß wirtschaftliche Leistungen vollbringt, nicht aber dazu, daß er durch sie rechtliche Vorteile erwirbt.

Naheliegend ist der Einwand, daß die Rechtsverhältnisse

sich doch in dem Verkehr der wirtschaftenden Menschen offenbaren, daß sie also gar nicht als etwas Besonderes außer dem Wirtschaftsleben erfaßt werden können. Das ist zwar theoretisch richtig, macht aber nicht notwendig, daß auch praktisch die wirtschaftlichen Interessen für die Regelung der Rechtsverhältnisse bestimmend seien. Der geistige Leiter eines Betriebes wird zu den Handarbeitern dieses Betriebes in einem Rechtsverhältnis stehen müssen; das bedingt nicht, daß er als Betriebsleiter bei Festsetzung dieses Verhältnisses mitzusprechen hat. Er wird aber mitsprechen und dabei seine wirtschaftliche Übermacht in die Waagschale werfen, wenn das wirtschaftliche Zusammenarbeiten und die Regelung der Rechtsverhältnisse auf einem gemeinsamen Verwaltungsboden sich vollziehen. Nur wenn das Recht auf einem Boden geordnet wird, auf dem eine Rücksicht auf das Wirtschaften gar nicht in Frage kommen kann und das Wirtschaften gegenüber dieser Rechtsordnung keine Macht erringen kann, werden beide so ineinander arbeiten können, daß das Rechtsgefühl der Menschen nicht verletzt und die wirtschaftliche Leistungsfähigkeit nicht aus einem Segen für die Gesamtheit zu einem Unsegen wird.

Wenn die wirtschaftlich Mächtigen in der Lage sind, ihre Macht zur Erringung von Rechtsvorteilen zu gebrauchen, so wird sich bei den wirtschaftlich Schwachen der Widerstand gegen diese Vorteile entwickeln. Und dieser muß, wenn er genügend stark geworden ist, zu revolutionären Erschütterungen führen. Ist durch das Vorhandensein eines besonderen Rechtsbodens das Entstehen solcher Rechtsvorteile unmöglich, so werden solche Erschütterungen nicht eintreten können. Was von diesem Rechtsboden aus fortwährend geschieht, wird ein geordnetes Ausleben der Kräfte sein, die sich ohne denselben in den Menschen ansammeln und zu gewaltsamen Entladungen führen. Wer Revolutionen vermeiden will, der muß an die Errichtung einer gesellschaftlichen Ordnung denken, durch die im Flusse der Zeit geschieht, was sich sonst in einem weltgeschichtlichen Augenblick vollziehen will.

Man wird sagen, in der modernen sozialen Bewegung handelt es sich ja zunächst nicht um Rechtsverhältnisse, sondern um Überwindung der wirtschaftlichen Ungleichheiten. Auf diesen Einwand wird erwidert werden müssen, daß Forderungen, die in den Menschen leben, keineswegs immer durch die Gedanken richtig ausgedrückt werden, die das Bewußtsein von ihnen bildet. Diese bewußten Gedanken sind Ergebnisse desjenigen, was unmittelbar erfahren wird. Was aber die Forderungen hervorbringt, das sind tiefere Zusammenhänge des Lebens, die nicht unmittelbar erfahren werden. Wer an die Herbeiführung von Zuständen des Lebens denkt, durch die diese Forderungen befriedigt werden sollen, der muß in die tieferen Zusammenhänge zu dringen versuchen. Die Betrachtung des in der neueren Zeit bestandenen Verhältnisses zwischen Recht und Wirtschaft ergibt, daß das rechtliche Leben der Menschen in Abhängigkeit gekommen ist von dem wirtschaftlichen. Würde man nun darnach streben, die wirtschaftlichen Ungleichheiten, die im Gefolge dieser Abhängigkeit aufgetreten sind, in äußerer Art aus der Welt zu schaffen durch eine einseitige Änderung der Wirtschaftsformen, so müßten sich in kurzer Zeit ähnliche Ungleichheiten ergeben, wenn man den neuen Wirtschaftsformen wieder die Möglichkeit ließe, ihre Rechtsformen aus sich selbst zu schaffen. Nur wenn man Zustände des gesellschaftlichen Lebens herbeiführt, durch die neben den wirtschaftlichen Anforderungen und Interessen die rechtlichen selbständig erlebt und befriedigt werden können, wird man wirklich an das herankommen, was durch die soziale Bewegung sich an die Oberfläche des modernen Menschendaseins drängt.

Und in der gleichen Art wird man an die Beziehungen des geistigen Lebens zum rechtlichen und wirtschaftlichen herantreten müssen. Unter den Verhältnissen, die sich im Laufe der letzten Jahrhunderte ergeben haben, konnte die Pflege des Geisteslebens aus sich selbst ihre Wirkung auf das politisch-rechtliche und das wirtschaftliche Leben nur in einem sehr beschränkten Maße ausüben. Aus den Interessen der staatlichen Rechtsmacht gestaltete sich einer der wichtigsten Zweige der Geistespflege: das Erziehungs- und Unterrichtswesen. Wie es den staatlichen Bedürfnissen entsprach, so wurde der Mensch erzogen und unterrichtet. Und zu der staatlichen trat die wirtschaftliche Macht hinzu. Wer innerhalb der bestehenden Unterrichts- und Erziehungseinrichtungen zur Entwickelung seiner Fähigkeiten als Mensch kommen sollte, der mußte dies auf Grund der wirtschaftlichen Macht, die sich aus seinem Lebenskreise heraus ergab. So wurden diejenigen geistigen Kräfte, die innerhalb des politisch-rechtlichen und des wirtschaftlichen Lebens sich betätigen konnten, in ihrem Gepräge völlig ein Abdruck dieses Lebens. Ein freies Geistesleben mußte darauf verzichten, seine Leistungen in das staatlich-politische Leben hineinzutragen. Und in das wirtschaftliche konnte es dies nur in dem Grade, als sich dieses noch von dem staatlich-politischen unabhängig erhalten hatte. Innerhalb der Wirtschaft offenbart sich ja die Notwendigkeit, den Fähigen zur Geltung kommen zu lassen, weil deren Fruchtbarkeit abstirbt, wenn der Unfähige, aber durch die Verhältnisse wirtschaftlich Mächtige, allein waltet. Würde aber die Tendenz vieler sozialistisch Denkenden verwirklicht, das Wirtschaftsleben nach dem Muster des politisch-rechtlichen zu verwalten, dann würde die Pflege des freien Geisteslebens völlig aus der Öffentlichkeit hinausgedrängt. Ein Geistesleben aber, das sich abseits von der politisch-rechtlichen und wirtschaftlichen Wirklichkeit entwickeln muß, wird lebensfremd. Es muß seinen Inhalt aus Quellen holen, die nicht lebensvoll mit dieser Wirklichkeit zusammenhängen; und es gestaltet diesen Inhalt dann im Laufe der Zeit so aus, daß er wie eine lebendig gewordene Abstraktion neben dieser Wirklichkeit einherläuft, ohne in ihr eine sachgemäße Wirkung zu erzeugen. Auf diese Art entstehen zwei Strömungen im Geistesleben. Die eine holt ihren Inhalt aus den von Tag zu Tag auftretenden Anforderungen des politisch-rechtlichen und des Wirtschaftslebens und sucht Einrichtungen zu treffen, die sich aus diesen Anforderungen ergeben. Sie dringt dabei nicht zu den Bedürfnissen der geistigen Wesenheit des Menschen vor. Sie trifft äußere Einrichtungen und spannt die Menschen in diese hinein, ohne dabei auf das hinzuhorchen, was die innere Menschennatur dazu sagt. Die andere geht von inneren Erkenntnisbedürfnissen und Willensidealen aus. Sie gestaltet diese so, wie das Innere des Menschen sie verlangt. Aber diese Erkenntnisse entstammen der Betrachtung. Sie sind nicht der Niederschlag dessen, was in der Praxis des Lebens erfahren wird. Und diese Ideale sind aus den Vorstellungen darüber entstanden, was wahr, gut und schön ist. Aber sie haben nicht die Kraft, die Lebenspraxis zu gestalten. Man denke, was abseits von seiner Lebenspraxis der Kaufmann, der Industrielle, der Staatsbeamte als seine Erkenntnisvorstellungen, seine religiösen Ideale, seine künstlerischen Interessen innerlich erlebt, und was an Ideen in derjenigen Tätigkeit enthalten ist, die in seiner Buchführung zum Ausdruck kommt, oder für die ihn Erziehung und Unterricht als sein Amt bedingend vorbereiten. Zwischen den beiden geistigen Strömungen liegt ein Abgrund. Er wurde in der neueren Zeit noch besonders breit gemacht dadurch, daß diejenige Vorstellungsart für des Menschen Verhältnis zur Wirklichkeit maßgebend wurde, die in der Naturwissenschaft ihre volle Berechtigung hat. Diese Vorstellungsart geht auf die Erkenntnis von Gesetzen an Dingen und Vorgängen aus, die außerhalb des Bereiches der menschlichen Betätigung und Wirksamkeit liegen. Dadurch ist der Mensch gewissermaßen nur der Zuschauer dessen, was er in den Naturgesetzen erfaßt. Und wenn er in der Technik die Naturgesetze zur Wirksamkeit bringt, so wird er nur der Veranlasser davon, daß geschieht, was durch Kräfte bewirkt wird, die außerhalb seines eigenen Wesens liegen. Die Erkenntnis, durch die er sich auf diese Art betätigt, trägt einen von seiner eigenen Natur verschiedenen Charakter. Sie offenbart ihm nichts darüber, was in den Weltvorgängen liegt, in die sein eigenes Wesen verwoben ist. Zu einer solchen Erkenntnis bedarf er einer Anschauung, die außermenschliche und menschliche Welt in eines zusammenfaßt.

Nach einer solchen Erkenntnis strebt die moderne anthroposophisch orientierte Geisteswissenschaft. Sie anerkennt vollkommen die Bedeutung der naturwissenschaftlichen Vorstellungsart für den Fortschritt der neueren Menschheit. Aber sie ist sich klar darüber, daß was durch naturwissenschaftliche Erkenntnis vermittelt wird, nur den äußeren

Menschen erfaßt. Sie anerkennt auch die Wesenheit der religiösen Weltanschauungen; aber sie wird sich bewußt, daß diese Weltanschauungen im Laufe der neuzeitlichen Entwickelung zu einer inneren Angelegenheit der Seele geworden sind, neben denen das äußere Leben abläuft, ohne von ihnen durch Menschen gestaltet zu werden.

Um zu ihren Erkenntnissen zu kommen, stellt die Geisteswissenschaft allerdings Anforderungen an den Menschen, für die er zunächst aus dem Grunde wenig Neigung entwickelt, weil er sich in den letzten Jahrhunderten daran gewöhnt hat, in Lebenspraxis und inneres Seelenleben als in zwei voneinander getrennte Gebiete sich einzuleben. Aus dieser Gewöhnung heraus hat die Anschauung sich ergeben, die gegenwärtig jedem Bestreben Unglauben entgegenbringt, das aus geistigen Einsichten heraus über die soziale Gestaltung des Lebens ein Urteil gewinnen will. Man hat im Auge, was man als soziale Ideen erlebt hat, die aus einem lebensfremden Geistesleben heraus geboren sind. Man erinnert, wenn von solchen Ideen die Rede ist, an *Saint Simon*, an *Fourier* und andere. Die Meinung, die man über solche Ideen gewonnen hat, ist deshalb berechtigt, weil diese aus einer Erkenntnisrichtung heraus entwickelt sind, die nicht an der Wirklichkeit erlebt, sondern die erdacht ist. Und aus dieser Meinung ist die verallgemeinerte entstanden, daß keine Geistesart geeignet ist, Ideen hervorzubringen, die mit der Lebenspraxis so verwandt sind, daß sie verwirklicht werden können. Aus dieser verallgemeinerten Meinung sind die Ansichten entstanden, die in ihrer heutigen Gestalt mehr oder weniger auf Marx zurückweisen. Ihre Träger halten nichts von Ideen, die in der Herbeiführung sozial befriedigender Zustände tätig sein sollen, sondern sie behaupten, die Entwickelung der wirtschaftlichen Tatsachen müsse zu einem Ziele führen, aus dem sich solche Zustände ergeben. Man will gewissermaßen die Lebenspraxis ihren Gang gehen lassen, weil Ideen innerhalb dieser Praxis ohnmächtig seien. Man hat das Vertrauen in die Kraft des Geisteslebens verloren. Man glaubt nicht, daß es eine solche Art des Geisteslebens geben könne, welche die Lebensfremdheit des in den letzten Jahrhunderten zur allgemeinen Geltung gekommenen überwindet. Eine solche Art des Geisteslebens wird nun aber mit der anthroposophisch orientierten Geisteswissenschaft angestrebt. Diese sucht aus solchen Quellen zu schöpfen, die zugleich die Quellen der Wirklichkeit sind. Die Kräfte, die in der innersten Menschennatur walten, sind dieselben, die in der außermenschlichen Wirklichkeit tätig sind. Bis zu diesen Kräften steigt die naturwissenschaftliche Vorstellungsart nicht hinab, indem sie verstandesmäßig ihre an den äußeren Tatsachen gewonnenen Erfahrungen zu Naturgesetzen verarbeitet. Aber auch die auf mehr religiöser Grundlage ruhenden Weltanschauungen verbinden sich gegenwärtig nicht mehr mit diesen Kräften. Sie nehmen die Überlieferungen auf, ohne bis zu ihrem Ursprung im Menschen-Innern zu dringen. Geisteswissenschaft aber sucht bis zu diesem Ursprunge zu kommen. Sie entwickelt Erkenntnismethoden, durch welche in die Schächte des Menschen-Innern hinuntergestiegen wird, in denen das außermenschliche Geschehen sich in das Menschen-Innere fortsetzt. Die Erkenntnisse dieser Geisteswissenschaft stellen im Innern des Menschen erlebte Wirklichkeit dar. Sie drängen sich zu Ideen zusammen, die nicht erdacht sind, sondern die gesättigt sind von den Kräften der Wirklichkeit. Solche Ideen sind daher auch imstande, die Kraft der Wirklichkeit dann in sich zu tragen, wenn sie richtunggebend sein wollen für das soziale Wollen. Es ist begreiflich, daß man zunächst einer solchen Geisteswissenschaft gegenüber Mißtrauen hat. Man wird dieses Mißtrauen aber nur so lange haben, als man nicht erkennt, wie sie wesenhaft verschieden ist von der Wissenschaftsströmung, die sich in der neueren Zeit herausgebildet hat, und von der heute allgemein angenommen wird, daß sie die allein mögliche sei. Ringt man sich zur Erkenntnis dieser Verschiedenheit durch, dann wird man nicht mehr glauben, daß man soziale Ideen meiden muß, wenn man die sozialen Tatsachen praktisch gestalten will; sondern man wird gewahr werden, daß man praktische soziale Ideen nur aus einem Geistesleben heraus gewinnen kann, das seinen Weg zu den Wurzeln des Menschenwesens nehmen kann. Man wird durchschauen, wie in der neueren Zeit die sozialen Tatsachen deshalb in Unordnung gekommen sind, weil die Menschen mit Gedanken sie zu meistern suchten, denen die Tatsachen fortwährend sich entwanden.

Eine Geistesanschauung, die in die Wesenheit des Menschen eindringt, findet da Antriebe zum Handeln, die unmittelbar im sittlichen Sinne auch gut sind. Denn der Trieb zum Bösen entsteht im Menschen nur dadurch, daß er in seinen Gedanken und Empfindungen die Tiefen seines Wesens zum Schweigen bringt. Werden daher die sozialen Ideen durch die hier gemeinte Geistesanschauung gewonnen, so müssen sie ihrer eigenen Natur nach auch sittliche Ideen sein. Und da sie nicht nur erdachte, sondern erlebte Ideen sind, so haben sie die Kraft, den Willen zu ergreifen und im Handeln weiterzuleben. Soziales Denken und sittliches Denken fließen für wahre Geistesanschauung in eins zusammen. Das Leben, das solche Geistesanschauung entfaltet, ist innerlich verwandt jeder Lebensbetätigung, die der Mensch auch für die gleichgültigste praktische Handlung entwickelt. Daher werden durch sie soziale Gesinnung, sittlicher Antrieb und lebenspraktisches Verhalten so ineinander verwoben, daß sie eine Einheit bilden.

Solch eine Geistesart aber kann nur gedeihen, wenn sie in völliger Unabhängigkeit von Mächten sich entfaltet, die nicht unmittelbar aus dem Geistesleben selbst stammen. Rechtlich-staatliche Regelungen der Geistespflege benehmen den Kräften des Geisteslebens ihre Stärke. Dagegen wird ein Geistesleben, das ganz den in ihm liegenden Interessen und Impulsen überlassen wird, ausgreifen bis in alles, was der Mensch im sozialen Leben vollbringt. – Man wendet immer wieder ein, daß die Menschen erst völlig anders werden müßten, wenn man das soziale Verhalten auf die sittlichen Impulse bauen wollte. Dabei bedenkt man nicht, welche sittlichen Antriebe im Menschen verkümmern, wenn man sie nicht aus einem freien Geistesleben heraus erstehen läßt, sondern ihnen eine solche Richtung gibt, durch die ein politisch-rechtliches Gesellschaftsgebilde seine vorgezeichneten Arbeitsgebiete besorgen lassen kann. Ein im freien Geistesleben erzogener und unterrichteter Mensch wird allerdings aus seiner Initiative in seinem Beruf manches hineintragen, das einen von seinem Wesen bestimmten Charakter trägt. Er wird sich in das gesellschaftliche Getriebe nicht hineinfügen lassen wie das Rad in eine Maschine. Aber letzten Endes wird das Hineingetragene die Harmonie des Ganzen nicht verkümmern, sondern erhöhen. Was an den einzelnen Stellen des gesellschaftlichen Lebens geschieht, wird der Ausfluß dessen sein, was in den Geistern der Menschen lebt, die an diesen Stellen wirken.

Menschen, die in einer von der hier gekennzeichneten Geistesart gebildeten seelischen Atmosphäre atmen, werden die von der wirtschaftlichen Zweckmäßigkeit geforderten Einrichtungen in einem Sinne beleben, der die sozialen Forderungen befriedigt. Mit Menschen, deren innere Natur sich nicht eins weiß mit ihrer äußeren Betätigung, werden Einrichtungen, die man glaubt, zur Befriedigung dieser Forderungen zu treffen, nicht sozial wirken können. Denn nicht Einrichtungen können durch sich sozial wirken, sondern sozial gestimmte Menschen in einer Rechtsorganisation, die aus den lebendigen Rechtsinteressen heraus geschaffen ist, und in einem Wirtschaftsleben, das in der zweckmäßigsten Art die den Bedürfnissen dienenden Güter erzeugt.

Ist das Geistesleben ein freies, das sich nur aus dem heraus entwickelt, was es in sich selbst als Antriebe hat, dann wird das Rechtsleben um so besser gedeihen, je einsichtsvoller die Menschen für die Regelung ihrer Rechtsverhältnisse aus der lebendigen Geisteserfahrung heraus erzogen werden; und dann wird auch das Wirtschaftsleben in dem Grade fruchtbar sein, als die Menschen für dasselbe durch die Geistespflege tüchtig gemacht werden.

Alles im sozialen Zusammenleben der Menschen an Einrichtungen Zustandegekommene ist ursprünglich das Ergebnis des von den Absichten getragenen Willens. Das Geistesleben hat in diesem Zustandekommen gewirkt. Nur wenn das Leben kompliziert sich gestaltet, wie es unter dem Einfluß der technischen Produktionsweise der neuen Zeit geschehen ist, verliert der gedankengetragene Wille seinen Zusammenhang mit den sozialen Tatsachen. Diese gehen dann ihren eigenen mechanischen Gang. Und der Mensch sucht sich im abgezogenen Geisteswinkel den Inhalt, durch den er seine seelischen Bedürfnisse befriedigt. Aus dem Gang der Tatsachen, über die der geistgetragene Wille der Einzelmenschen keine Gewalt gehabt hat, sind die Zustände geworden, nach deren Änderung die moderne soziale Bewegung strebt. Weil der im Rechtsleben und im Wirtschaftskreislauf arbeitende Geist nicht mehr der ist, in dem das Geistesleben des einzelnen Menschen seinen Weg findet, sieht sich dieser in einer Gesellschaftsordnung, die ihn als Einzelmenschen rechtlich und wirtschaftlich nicht zur Entfaltung kommen läßt. – Menschen, welche dieses nicht durchschauen, werden einer Anschauung, die den sozialen Organismus in die selbständig verwalteten Gebiete des Geisteslebens, des Rechtsstaates, des Wirtschaftskreislaufes gliedern will, immer wieder den Einwand entgegenhalten: dadurch werde die notwendige Einheit des gesellschaftlichen Lebens zerstört. Ihnen muß erwidert werden: diese Einheit zerstört sich selbst, indem sie sich aus sich selbst erhalten will. Denn das Rechtsleben, das aus der wirtschaftlichen Macht heraus sich entwickelt, untergräbt in seinem Wirken diese wirtschaftliche Macht, weil es von den wirtschaftlich Schwachen als ein Fremdkörper im sozialen Organismus empfunden wird. Und der Geist, der in einem Rechts- und Wirtschaftsleben herrschend wird, wenn diese seine Wirksamkeit selbst regeln wollen, verdammt den lebendigen Geist, der aus dem Seelenquell der einzelnen Menschen sich emporarbeitet, zur Ohnmacht gegenüber dem praktischen Leben. Wird aber in einem selbständigen Gebiet die Rechtsordnung aus dem Rechtsbewußtsein geschaffen und wird in einem freien Geistesleben der geistgetragene Einzelwille entwikkelt, dann wirken Rechtsordnung und Geisteskraft mit der wirtschaftlichen Betätigung zur Einheit zusammen. Sie werden dies können, wenn sie in selbständigen Lebensgebieten ihrem eigenen Wesen nach sich ausbilden. Gerade in ihrer Absonderung werden sie den Zug zur Einheit annehmen, während sie aus einer künstlichen Einheit heraus gebildet, sich entfremden.

Mancher sozialistisch Denkende wird eine Anschauung, wie die gekennzeichnete, mit den Worten abtun: Wirtschaftlich erstrebenswerte Zustände kann doch nicht die Gliederung des sozialen Organismus, sondern allein eine entsprechende wirtschaftliche Organisation herbeiführen. Wer so spricht, der beachtet nicht, daß in der wirtschaftlichen Organisation willenbegabte Menschen betätigt sind. Sagt man ihm dieses, so wird er lächeln, denn er findet es selbstverständlich. Und doch denkt er an eine gesellschaftliche Struktur, in der diese «Selbstverständlichkeit» keine Berücksichtigung finden soll. In der wirtschaftlichen Organisation soll ein Gemeinschaftswille walten. Der aber muß das Ergebnis der Einzelwillen der in der Organisation vereinigten Menschen sein. Diese Einzelwillen werden nicht zur Geltung kommen, wenn der Gemeinschaftswille restlos aus dem wirtschaftlichen Organisationsgedanken kommt. Sie werden aber unverkümmert sich entfalten, wenn neben dem Wirtschaftsgebiet ein Rechtsgebiet steht, auf dem keine wirtschaftlichen Gesichtspunkte, sondern allein die des Rechtsbewußtseins maßgebend sind; und wenn neben beiden ein freies Geistesleben Raum findet, das nur geistigen Antrieben folgt. Dann wird nicht eine mechanisch wirkende Gesellschaftsordnung entstehen, der auf die Dauer die menschlichen Einzelwillen doch nicht angepaßt sein könnten; sondern es werden die Menschen die Möglichkeit finden, die Gesellschaftszustände fortwährend von ihren sozial gerichteten Einzelwillen aus zu gestalten. In dem freien Geistesleben wird der Einzelwille seine soziale Richtung erhalten; in dem selbständigen Rechtsstaate wird aus den sozial gesinnten Einzelwillen der gerecht wirkende Gemeinschaftswille entstehen. Und die sozial orientierten Einzelwillen, organisiert durch die selbständige Rechtsordnung, werden sich gütererzeugend und güterverteilend im Wirtschaftskreislauf den sozialen Forderungen gemäß betätigen.

Den meisten Menschen fehlt heute noch der Glaube an die Möglichkeit, von den Einzelwillen aus eine sozial befriedigende Gesellschaftsordnung zu begründen. Dieser Glaube fehlt, weil er aus einem Geistesleben nicht erstehen kann, das aus dem Wirtschafts- und dem Staatsleben heraus in Abhängigkeit sich entwickelt hat. Eine Geistesart, die nicht in Freiheit aus dem Leben des Geistes selbst sich entwickelt, sondern aus einer äußeren Organisation heraus, die weiß eben nicht, was der Geist wirklich vermag. Sie sucht nach einer Leitung für ihn, weil sie nicht gewahr wird, wie er sich selbst leitet, wenn er nur die Kraft aus seinen eigenen Quellen schöpfen kann. Sie möchte die Leitung des Geistes als eine Nebenwirkung der wirtschaftlichen und rechtlichen Organisation entstehen lassen und beachtet nicht, daß Wirtschaft und Rechtsordnung nur leben können, wenn der sich selbst folgende Geist sie durchdringt.

Zur sozialen Neugestaltung gehört nicht nur ein guter Wille, sondern auch der Mut, welcher dem Unglauben an die Kraft des Geistes sich entgegenstellt. Diesen Mut kann eine wahre Geistesauffassung beleben; denn sie fühlt sich fähig, Ideen hervorzubringen, die nicht allein einer inneren Seelenorientierung dienen, sondern die, indem sie entstehen, schon die Keime der praktischen Lebensgestaltung in sich tragen. Der Wille, in geistige Tiefen hinunterzusteigen, kann ein so starker werden, daß er in allem mitwirkt, was der Mensch vollbringt.

Wenn man von einer im Leben wurzelnden Geistesauffassung spricht, so wird man von vielen auch so verstanden, als ob man die Summe der Impulse meinte, zu denen ein Mensch gedrängt wird, der sich in ihm gewohnten Lebensbahnen bewegt, und der jedes Eingreifen von geistiger Seite her in das Gewohnte für eine idealistische Verschrobenheit hält. Die hier gemeinte Geistesanschauung soll aber weder mit der abstrakten Geistigkeit verwechselt werden, die ihre Interessen nicht in die Lebenspraxis hinein zu erstrecken vermag, noch mit derjenigen Geistesrichtung, die eigentlich den Geist sofort verleugnet, wenn sie an die praktische Lebensorientierung denkt. Diese beiden Vorstellungsarten werden nicht gewahr, wie der Geist in den Tatsachen des äußeren Lebens waltet; und sie fühlen daher kein rechtes Bedürfnis, in dieses Walten bewußt einzudringen. Nur ein solches Bedürfnis aber ist auch der Erzeuger derjenigen Erkenntnis, welche die «soziale Frage» in dem richtigen Lichte sieht. Die gegenwärtigen Lösungsversuche dieser «Frage» erscheinen deshalb so ungenügend, weil vielen noch die Möglichkeit fehlt, zu sehen, was der wahre Inhalt der Frage ist. Man sieht die Frage auf wirtschaftlichen Gebieten entstehen; man sucht nach wirtschaftlichen Einrichtungen, die Antworten sein sollen. Man glaubt, in wirtschaftlichen Umgestaltungen die Lösung zu finden. Man erkennt nicht, daß diese Umgestaltungen nur durch Kräfte kommen können, die in dem Aufleben des selbständigen Geistes- und Rechtslebens aus der Menschennatur heraus befreit werden.

DREIGLIEDERUNG UND SOZIALES VERTRAUEN (KAPITAL UND KREDIT)

Es ist von verschiedenen Seiten, zum Beispiel von dem englischen Finanztheoretiker Hartley Withers (in seinen Ausführungen über «Money and Credit»), gesagt worden, daß alle Fragen, die das Geld betreffen, so verwickelt seien, daß ihre scharfe Fassung in bestimmte Gedanken außerordentlichen Schwierigkeiten begegne.

Man wird diese Ansicht für viele Fragen des sozialen Lebens geltend machen können. Aber man sollte auch bedenken, welche Folgen in diesem sozialen Leben es haben muß, wenn die Menschen ihr Zusammenwirken nach Antrieben gestalten, die in unbestimmbaren, oder wenigstens schwer bestimmbaren Gedanken wurzeln. Solche Gedanken sind doch nicht bloß Mängel der Einsicht, die die Erkenntnis verwirren; sie sind wirksame Kräfte im Leben. Ihre Unbestimmtheit lebt in den Einrichtungen weiter, die unter ihrem Einflusse entstehen. Und aus solchen Einrichtungen entspringen lebensunmögliche soziale Verhältnisse.

Auf der Anerkennung, daß die zivilisierte Menschheit der Gegenwart in Verhältnissen lebe, die aus solchen verwirrenden Gedankentrieben hervorgehen, wird eine gesunde Einsicht in die «soziale Frage» beruhen müssen. Diese Frage erfließt ja zunächst aus der Wahrnehmung der Nöte, in denen sich Menschen befinden. Und man ist wenig geneigt, in wirklich sachgemäßer Art den Weg zu verfolgen, der von der Wahrnehmung dieser Nöte zu den Menschengedanken führt, in denen sie ihre Quelle haben. Man sieht nur allzuleicht in dem Verfolgen dieses Weges – vom Brot zu den Gedanken – einen unpraktischen Idealismus. Man erkennt nicht das Unpraktische einer Lebenspraxis, an die man gewöhnt ist, die aber doch auf lebensunmöglichen Gedanken ruht.

Solche lebensunmöglichen Gedanken sind im gegenwärtigen sozialen Dasein enthalten. Bemüht man sich, der «sozialen Frage» wirklich auf den Grund zu kommen, so wird man sehen müssen, wie heute die Forderungen des allermateriellsten Lebens praktisch nur angefaßt werden können, wenn man zu den Gedanken fortschreitet, aus denen das Zusammenarbeiten der Menschen einer sozialen Gemeinschaft hervorgeht.

Es fehlt allerdings nicht an Hinweisen auf solche Gedanken aus einzelnen Lebenskreisen heraus. Menschen, deren Betätigung an das Wesen des Grundes und Bodens gebunden ist, sprechen davon, daß unter dem Einflusse neuerer volkswirtschaftlicher Antriebe Grund und Boden in bezug auf Kauf und Verkauf wie «Waren» behandelt werden. Und sie sind der Ansicht, daß dies dem sozialen Leben schädlich ist. Solche Ansichten führen nicht zu praktischen Folgen, weil die Menschen anderer Lebenskreise aus ihren Interessen heraus die Berechtigung nicht zugeben.

Die wirklichkeitsgemäße Beobachtung einer solchen Tatsache sollte zur Richtkraft für Lösungsversuche der «sozialen Frage» führen. Denn eine solche Beobachtung kann zeigen, wie derjenige, der berechtigten Forderungen des sozialen Lebens widerstrebt, weil er aus seinem Lebenskreise heraus Gedanken zustimmt, die mit ihnen nicht im Einklang stehen, letzten Endes auch die Grundlagen untergräbt, auf denen seine Interessen aufgebaut sind.

An der sozialen Bedeutung des Grundes und Bodens kann eine solche Beobachtung gemacht werden. Man wird sie machen, wenn man ins Auge faßt, wie die bloß kapitalistische Orientierung der Volkswirtschaft auf die Wertbemessung des Grundes und Bodens wirkt. Diese Orientierung hat im Gefolge, daß das Kapital sich Gesetze für seine Vermehrung schafft, die in gewissen Lebensgebieten nicht mehr den Bedingungen entsprechen, welche in gesunder Weise eine Vermehrung des Kapitals bewirken dürfen.

An Grund und Boden wird das besonders anschaulich. Daß ein bestimmtes Landgebiet in einer gewissen Art fruchtbar gemacht wird, kann aus Lebensbedingungen heraus durchaus notwendig sein. Solche Bedingungen können moralischer Art sein. Sie können in geistigen Kulturverhältnissen liegen. Es kann aber durchaus sein, daß die Erfüllung dieser Bedingungen ein geringeres Kapitalerträgnis liefert als die Anlage des Kapitales in einer anderen Unternehmung. Die bloß kapitalistische Orientierung führt dann dazu, von der Ausnutzung des Bodens nach den gekennzeichneten nicht rein kapitalistischen Gesichtspunkten abzulassen und ihn so zu verwerten, daß sein kapitalistisches Erträgnis dem anderer Unternehmungen sich gleichstelle. Die Hervorbringung von Werten, die der wahren Zivilisation sehr notwendig sein können, wird dadurch unterdrückt. Und es entsteht unter den Einflüssen dieser Orientierung eine Wertbemessung der Lebensgüter, die nicht mehr wurzeln kann in dem naturgemäßen Zusammenhang, den die Menschen mit der Natur und dem geistigen Leben haben müssen, wenn diese sie leiblich und seelisch befriedigen sollen.

Es ist nun naheliegend, zu der Schlußfolgerung zu kommen: die kapitalistische Orientierung der Volkswirtschaft hat die gekennzeichneten Wirkungen; also muß sie beseitigt werden. Es fragt sich nur, ob man mit dieser Beseitigung nicht auch die Grundlagen beseitigen würde, ohne welche die neuere Zivilisation nicht bestehen kann.

Wer die kapitalistische Orientierung als einen bloßen Eindringling in das moderne Wirtschaftsleben ansieht, der wird deren Beseitigung verlangen. Wer aber erkennt, wie das Leben der neueren Zeit durch Arbeitsteilung und Gliederung im sozialen Organismus wirkt, der kann nur daran denken, die als Nebenerscheinung auftretenden Schattenseiten dieser Orientierung aus dem Gemeinschaftsleben auszuschließen. Denn für ihn ist es klar, daß die kapitalistische Arbeitsmethode eine Folge dieses Lebens ist, und daß die Schattenseiten nur so lange auftreten können, als in der Bewertung der Lebensgüter ausschließlich der Kapitalgesichtspunkt geltend gemacht wird.

Es kommt darauf an, nach einer solchen Struktur des sozialen Organismus hinzuarbeiten, durch die die Beurteilung nach der Kapitalvermehrung nicht die alleinige Macht ist, unter welche die Produktionszweige des Wirtschaftslebens gezwungen werden, sondern in der die Kapitalvermehrung der Ausdruck für eine Gestaltung dieses Lebens ist, die allen Anforderungen der menschlichen Leiblichkeit und Geistigkeit Rechnung trägt.

Wer seine Denkungsart nach dem einseitigen Standpunkt der Kapitalvermehrung oder, was eine notwendige Folge davon ist, nach dem der Lohnerhöhung einrichtet, dem entzieht sich der unmittelbare Anblick der Wirkungen einzelner Produktionsgebiete auf den Wirtschaftskreislauf. Handelt es sich darum, Kapital zu vermehren oder Lohn zu erhöhen, so wird es gleichgültig, in welchem Produktionszweig dieses geschieht. Das naturgemäße Verhältnis der Menschen zu dem, was sie hervorbringen, wird untergraben.

Die Höhe einer Kapital- oder Lohnsumme bleibt dieselbe, wenn man statt einer Warengattung für sie eine andere erwirbt, oder wenn man für eine Art der Arbeit eine andere eintauscht. Dadurch aber werden die Lebensgüter erst «Waren», daß man sie durch die Kapitalmenge, in der ihre besondere Eigenart keinen Ausdruck findet, erwerben oder verkaufen kann.

Diesen Warencharakter vertragen aber nur diejenigen Lebensgüter, die vom Menschen unmittelbar verbraucht werden. Denn für deren Wert hat der Mensch einen unmittelbaren Maßstab in seinen leiblichen oder seelischen Bedürfnissen. Ein solcher Maßstab liegt weder für Grund und Boden noch für die künstlich hergestellten Produktionsmittel vor. Deren Wertbemessung ist von vielen Faktoren abhängig, die nur anschaulich werden, wenn man die ganze soziale Struktur des Menschenlebens ins Auge faßt.

Ist es aus Kulturinteressen heraus notwendig, daß ein Landgebiet in einer Art behandelt wird, die das Erträgnis vom Kapitalgesichtspunkt aus geringer erscheinen läßt als dasjenige einer andern Unternehmung, so wird dieses geringere Erträgnis auf die Dauer der Gemeinschaft nicht Schaden bringen können. Denn das geringere Erträgnis des einen Produktionszweiges muß nach einiger Zeit auf andere so wirken, daß auch bei ihnen die Preise ihrer Erzeugnisse sich erniedrigen. Nur dem Augenblicksstandpunkt, der nicht anders kann als den Egoismuswert in Rechnung zu stellen, entzieht sich dieser Zusammenhang. Bei dem bloßen Marktverhältnis, auf dem Angebot und Nachfrage alleinherrschend sind, ist nur das Rechnen mit diesem Egoismuswert möglich. Dieses Verhältnis ist nur zu überwinden, wenn Assoziationen den Austausch und die Produktion der Verbrauchsgüter aus der vernunftgemäßen Beobachtung der menschlichen Bedürfnisse heraus regeln. Solche Assoziationen können an Stelle des bloßen Angebotes und der bloßen Nachfrage die Ergebnisse vertragsmäßiger Unterhandlungen zwischen Konsumenten- und Produzentenkreisen einerseits und zwischen den einzelnen Produzentenkreisen andererseits setzen. Wenn bei diesen Beobachtungen ausgeschlossen wird, daß sich der eine Mensch zum Richter darüber aufwerfen kann, was ein anderer an Bedürfnissen haben darf, so wird in den Grundlagen solcher Unterhandlungen nur das mitsprechen, was aus den Naturbedingungen der Wirtschaft und aus der menschlichen Arbeitsmöglichkeit heraus zustande kommen kann.

Die Beherrschung des Wirtschaftskreislaufes durch die bloße kapitalistische und lohnmäßige Orientierung macht das Leben auf solchen Grundlagen unmöglich. Durch diese Orientierung wird im Leben ausgetauscht, wofür es einen gemeinsamen Vergleichungsmaßstab in Wahrheit nicht gibt: Grund und Boden, Produktionsmittel und Güter, die dem unmittelbaren Verbrauch dienen. Ja, es werden auch die menschliche Arbeitskraft und die Verwertung der geistigen Fähigkeiten der Menschen in Abhängigkeit gebracht von einem abstrakten, dem Kapital- und Lohnmaßstab, der im menschlichen Urteil und in der menschlichen Betätigung die naturgemäßen Beziehungen des Menschen zu seinem Betätigungsfelde verschwinden läßt.

Nun ist in dem neueren Leben der Menschheit die Beziehung des Menschen zu den Lebensgütern nicht herzustellen, die unter der Herrschaft der Naturalwirtschaft oder auch nur beim Walten noch einfacherer Geldwirtschaft möglich war. Die Arbeits- und soziale Gliederung, die in der

Neuzeit notwendig geworden sind, trennen den Menschen von dem Abnehmer seines Arbeitsproduktes. Dieser Tatsache und ihrer Folge, dem Erlahmen des unmittelbaren Interesses an der Leistung, kann ohne Untergrabung des modernen Zivilisationslebens nicht entgegengearbeitet werden. Das Schwinden einer gewissen Art von Interessen an der Arbeit muß als ein Ergebnis dieses Lebens hingenommen werden. Aber diese Interessen dürfen nicht hinschwinden, ohne daß andere an ihre Stelle treten. Denn der Mensch muß mit Anteil innerhalb der sozialen Gemeinschaft arbeiten und in ihr leben.

Aus dem selbständig werdenden Geistes- und Rechtsleben werden die notwendigen neuen Interessen entspringen. Aus diesen beiden verselbständigten Gebieten werden die Antriebe kommen, welche anderen Gesichtspunkten entsprechen als denen der bloßen Kapitalvermehrung und Lohnhöhe.

Ein freies Geistesleben schafft aus den Tiefen der Menschenwesenheit heraus Interessen, welche die Arbeit und alles Wirken in die Gemeinschaft ziel- und inhaltbegabt hineinstellen. Ein solches Geistesleben erzeugt in den Menschen das Bewußtsein, daß sie mit ihren Fähigkeiten sinnvoll im Dasein stehen, weil es diese Fähigkeiten um ihrer selbst willen pflegt. Die Gemeinschaft wird unter dem Einfluß so gepflegter Fähigkeiten stets den Charakter annehmen, in dem sich diese auch auswirken können. Das Rechts- und Wirtschaftsleben werden ein Gepräge annehmen, welches den entwickelten Fähigkeiten entsprechend ist. In einem Geistesleben, das seine Regelung aus dem politischrechtlichen Gebiet empfängt, oder das die menschlichen Fähigkeiten nach ihrer Wirtschaftswirkung pflegt und in

Anspruch nimmt, werden Eigen-Interessen nicht in voller Entwickelung aufkommen können.

Ein solches Geistesleben wird in Kunst- und Erkenntnisbestrebungen «idealistische» Lebenszugaben oder im Weltanschauungsinhalt Befriedigungen für Sorgen liefern, die über das soziale Leben hinaus in ein mehr oder weniger lebensfremdes Gebiet münden. Lebendurchdringend kann nur ein freies Geistesleben sein, weil ihm die Möglichkeit gegeben ist, das Leben von sich aus zu gestalten. In meinen «Kernpunkten der sozialen Frage» habe ich versucht, zu zeigen, wie in einem solchen Geistesleben die Antriebe gefunden werden können, welche die Kapitalverwaltung auf einen gesunden sozialen Boden stellen. Fruchtbar können eine Kapitalmasse nur Personen oder Personengruppen verwalten, welchen die menschlichen Fähigkeiten eigen sind, diejenigen Leistungen im Dienste der menschlichen Gemeinschaft zu verrichten, für die das Kapital in Anspruch genommen wird. Nötig ist daher, daß eine solche Person oder Personengruppe eine Kapitalmasse nur so lange verwalten, als sie aus ihren Fähigkeiten heraus selbst es tun können. Ist dieses nicht mehr der Fall, dann soll die Kapitalmasse auf andere Personen übergehen, welche diese Fähigkeiten besitzen. Da nun bei freiem Geistesleben die Entwickelung der menschlichen Fähigkeiten restlos aus den Antrieben dieses Geisteslebens selbst entspringt, so wird die Kapitalverwaltung im Wirtschaftskreislauf zu einem Ergebnis der geistigen Kraftentfaltung. Und diese trägt in das Wirtschaftsleben alle diejenigen Interessen hinein, die auf ihrem Boden ersprießen.

Ein unabhängiges Rechtsleben schafft Beziehungen zwischen den in einer sozialen Gemeinschaft lebenden Menschen, welche diese füreinander arbeiten lassen, auch wenn der einzelne an der Herstellung seines Arbeitsproduktes das unmittelbare Interesse nicht haben kann. Dieses Interesse verwandelt sich in dasjenige, das er haben kann am Arbeiten für die Menschengemeinschaft, an deren Rechtsaufbau er beteiligt ist. Der Anteil an dem selbständigen Rechtsleben kann neben den wirtschaftlichen und geistigen Interessen die Grundlage für einen besonderen Lebens- und Leistungsantrieb werden. Der Mensch kann den Blick von seinen Leistungen hinweg auf die Menschengemeinschaft richten, in der er lebendig drinnensteht mit allem, was aus seinem Menschentum fließt bloß dadurch, daß er ein mündig gewordener Mensch ist, ohne Rücksicht auf seine geistigen Fähigkeiten, und ohne daß der wirtschaftliche Platz, an dem er sich befindet, eine Wirkung auf dieses Verhältnis hat. Das Arbeitsprodukt wird seinen Wert auf die Arbeit ausstrahlen, wenn man die Art überschaut, wie es der Menschengemeinschaft dient, in die man so unmittelbar menschlich verwoben ist. Nichts anderes aber kann diese Verwobenheit so bewirken wie ein selbständiges Rechtsleben, weil nur dieses ein Gebiet ist, auf dem jeder Mensch jedem Menschen mit dem gleichen ungeteilten Interesse begegnen kann. Jedes andere Gebiet muß, seiner Natur nach, Abtrennungen nach individuellen Fähigkeiten oder nach Arbeitsinhalten bewirken; dieses überbrückt alle Trennungen.

Für die Kapitalverwaltung wird aus der Selbständigkeit des Geisteslebens heraus bewirkt, daß die Kapitalvermehrung nicht ein unmittelbarer Antrieb ist, sondern nur auftreten kann als naturgemäße Folge anderer Antriebe, die sich aus dem sachgemäßen Zusammenhange der menschlichen Fähigkeiten mit den Leistungsgebieten ergeben.

Nur aus solchen Gesichtspunkten, die nicht innerhalb der kapitalistischen Orientierung liegen, kann der soziale Organismus eine Struktur erhalten, in der menschliche Leistung und Gegenleistung einen befriedigenden Ausgleich finden. Und wie auf dem Gebiete der kapitalistischen Orientierung kann es auf anderen Gebieten ergehen, auf denen das moderne Leben den Menschen von dem naturgemäßen Zusammenhang mit den Lebensbedingungen abgebracht hat.

Durch die Verselbständigung des Geistes- und des Rechtslebens werden künstliche Produktionsmittel und wird Grund und Boden sowie auch die menschliche Arbeitskraft des Warencharakters entkleidet. (Die Wege, auf denen dies geschieht, findet man genauer, als es hier geschehen kann, in meinem Buche «Die Kernpunkte der sozialen Frage» geschildert.) Im selbständigen Rechts- und Geistesgebiet werden die Antriebe wurzeln, aus denen heraus Produktionsmittel, aus denen Grund und Boden ohne Kaufverhältnis übertragen werden und aus denen heraus menschliche Arbeit geleistet wird.

Damit aber werden die dem gegenwärtigen Zivilisationsleben angemessenen Formen des sozialen Zusammenwirkens von menschlichen Kräften geschaffen. Und nur aus solchen Formen kann die bestmögliche Befriedigung der menschlichen Bedürfnisse erstehen. In einer bloß kapitalistisch und lohnmäßig organisierten Gemeinschaft kann der einzelne seine Fähigkeiten und Kräfte nur in dem Maße geltend machen, als sie im Kapitalerwerb ihren Gegenwert finden. Vertrauen, durch das einer seine Kräfte für die Leistungen des andern zur Verfügung stellt, wird sich da nur begründen auf die Aussicht, daß dieser andere in Bedingungen lebt, die einer kapitalistischen Denkungsart Vertrauen einflößen können. Im sozialen Leben ist Arbeiten im Vertrauen auf die Leistungen anderer Kreditgewährung. Die Kompliziertheit des modernen Lebens hat immer mehr dazu geführt, daß wie für ältere Kulturen ein Übergang stattfand von der Natural- zur Geldwirtschaft, so für jüngere ein solcher zu einem Arbeiten auf der Grundlage von Kreditgewährung. Wir stehen in einem Zeitalter, in dem das Leben notwendig macht, daß der eine mit den Mitteln arbeitet, die ihm ein anderer oder eine Gemeinschaft im Vertrauen auf seine Leistungsfähigkeit überantworten. Für das kapitalistische Wirken geht aber der menschlich befriedigende Zusammenhang mit den Lebensbedingungen durch die Kreditwirtschaft völlig verloren. Kreditgewährung mit der Aussicht auf entsprechend erscheinende Kapitalvermehrung und Arbeiten unter dem Gesichtspunkte, daß das in Anspruch genommene Vertrauen kapitalmäßig gerechtfertigt erscheint, werden die Antriebe des Kreditverkehrs. Das aber liefert Ergebnisse im sozialen Organismus, durch welche die Menschen unter die Macht lebensfremder Kapitalumlagerungen gebracht werden, die sie in dem Augenblicke als menschenunwürdig empfinden, in dem sie sich ihrer in vollem Maße bewußt werden.

Wird auf Grund und Boden Kredit gewährt, so kann im gesunden sozialen Leben dies nur von dem Gesichtspunkte aus geschehen, daß einem mit den notwendigen Fähigkeiten ausgestatteten Menschen oder einer Menschengruppe die Möglichkeit gegeben werde, einen Produktionsbetrieb zu entfalten, der aus allen in Betracht kommenden Kulturbedingungen heraus gerechtfertigt erscheint. Wird aus der rein kapitalistischen Orientierung heraus Kredit auf Grund und Boden gewährt, so kann es geschehen, daß dieser seiner sonst wünschenswerten Bestimmung entzogen werden muß, damit er einen Warenwert erhalte, welcher der Kreditgewährung entspricht.

Ein gesundes Kreditgewähren setzt eine soziale Struktur voraus, durch welche die Lebensgüter eine Bewertung finden, die in ihrer Beziehung zur leiblichen und geistigen Bedürfnisbefriedigung der Menschen wurzelt. Ein selbständiges Geistes- und Rechtsleben führt die Menschen zu einem lebensvollen Erkennen und Geltendmachen dieser Beziehung. Dadurch wird der Wirtschaftskreislauf so gestaltet, daß er die Beurteilung der Produktion in Abhängigkeit bringt von dem, was die Menschen bedürfen, und sie nicht beherrscht sein läßt von Mächten, bei denen die konkreten menschlichen Bedürfnisse in der abstrakten Kapital- und Lohnskala ausgelöscht erscheinen.

Das Wirtschaftsleben im dreigliedrigen sozialen Organismus kommt durch das Zusammenwirken der aus den Produktionserfordernissen und Konsumtionsinteressen sich bildenden Assoziationen zustande. Diese werden die Entscheidungen haben über die Kreditgewährung und Kreditentgegennahme. In den Verhandlungen solcher Assoziationen werden die Antriebe eine entscheidende Rolle spielen, die aus dem geistigen und dem Rechtsgebiet heraus in das Wirtschaftsleben hineinwirken. Die Notwendigkeit einer bloß kapitalistischen Orientierung ist für diese Assoziationen nicht vorhanden. Denn die eine Assoziation wird mit der andern im Wechselverkehr stehen. Dadurch werden die einseitigen Interessen des einen Produktionszweiges durch diejenigen des anderen geregelt.

Die Verantwortung für Kreditgewährung und Kreditentgegennahme wird den Assoziationen zufallen. Dadurch wird die Bedeutung der individuellen Fähigkeiten der Einzelpersönlichkeiten nicht beeinträchtigt, sondern erst zur vollen Geltung gebracht. Der einzelne ist seiner Assoziation gegenüber verantwortlich für die bestmögliche Leistung; und die Assoziation ist anderen Assoziationen gegenüber verantwortlich für die zielgemäße Verwendung der Leistungen. In solcher Teilung der Verantwortlichkeit liegt die Gewähr dafür, daß die Produktionsbetätigung aus einander in ihrer Einseitigkeit korrigierenden Gesichtspunkten vor sich geht. Es wird nicht aus den Erwerbsantrieben der einzelnen in das Gemeinschaftsleben hinein produziert, sondern aus den sachgemäß wirkenden Bedürfnissen der Gemeinschaft heraus. In dem Bedarf, den eine Assoziation feststellt, wird die Veranlassung zur Kreditgewährung für eine andere liegen können.

Wer nur an gewohnten Gedankengängen hängt, der wird sagen: das sind «schöne» Gedanken; aber wie soll man aus dem gegenwärtigen Leben in ein solches hineinkommen, das auf dergleichen Ideen ruht? Es handelt sich darum, einzusehen, daß das hier Vorgeschlagene tatsächlich unmittelbar in die Wirklichkeit umgesetzt werden kann. Man hat nur nötig, den Anfang mit den gekennzeichneten Assoziationsbildungen zu machen. Daß dies ohne weiteres möglich ist, sollte eigentlich niemand bezweifeln, der einigen gesunden Sinn für die Wirklichkeiten des Lebens hat. Solche Assoziationen, die auf der Grundlage der Dreigliederungsidee ruhen, sind doch wahrlich ebensogut zu bilden wie Konsortien, Gesellschaften und so weiter im Sinne der alten Einrichtungen. Es ist aber auch jede Art von Wirtschaftsverkehr der neuen Assoziationen mit den alten Einrichtungen möglich. Man braucht durchaus nicht daran zu denken, daß das Alte zerstört und künstlich durch das Neue ersetzt werden müsse. Das Neue stellt sich neben das Alte hin. Jenes hat sich dann durch seine innere Kraft und Berechtigung zu bewähren; dieses bröckelt aus der sozialen Organisation heraus. Die Dreigliederungsidee ist nicht ein Programm für das Ganze des sozialen Organismus, das fordert, daß das ganze Alte aufhöre und alle Dinge neu «eingerichtet» werden. Diese Idee kann von der Bildung sozialer Einzeleinrichtungen ihren Ausgang nehmen. Die Umbildung eines Ganzen wird dann durch das sich verbreitende Leben der einzelnen sozialen Gebilde erfolgen. Weil diese Idee in einer solchen Richtung wirken kann, ist sie keine Utopie, sondern eine der Wirklichkeit angemessene Kraft.

Das Wesentliche ist, daß durch die Dreigliederungsidee sachgemäßes soziales Verständnis an die im sozialen Organismus vereinigten Menschen herangebracht wird. Durch die Antriebe, die aus dem selbständigen Geistes- und Rechtsleben kommen, werden die wirtschaftlichen Gesichtspunkte in sachgemäßer Weise befruchtet. Der einzelne wird in einem gewissen Sinne zu einem Mitarbeiter an den Leistungen der Gesamtheit. Durch seinen Anteil an dem freien Geistesleben, durch die auf dem Rechtsboden erzeugten Interessen, durch die Wechselbeziehungen der wirtschaftlichen Assoziationen wird diese Mitarbeiterschaft vermittelt.

Die Wirksamkeit des sozialen Organismus wird unter dem Einfluß der Dreigliederungsidee gewissermaßen umgestellt. Gegenwärtig muß der Mensch in der Kapitalvermehrung und in der Lohnhöhe die Kennzeichen sehen, durch die er sich in den sozialen Organismus entsprechend hineingestellt findet. Im dreigliedrigen sozialen Organismus werden die individuellen Fähigkeiten der Einzelmenschen im Zusammenklang mit den aus dem Rechtsboden stammenden menschlichen Beziehungen und der auf der Assoziationstätigkeit ruhenden wirtschaftlichen Produktion, der Zirkulation und Konsumtion die bestmögliche Fruchtbarkeit des Gemeinschaftsarbeitens ergeben. Und Kapitalvermehrung beziehungsweise Leistungsausgleich mit entsprechender Gegenleistung werden wie die Konsequenz der sozialen Betätigungen und Einrichtungen zutage treten.

Von dem Reformieren im Gebiete, in dem nur die sozialen Wirkungen spielen, hinweg will die Dreigliederungsidee die umwandelnde und aufbauende Tätigkeit auf das Gebiet der Ursachen lenken. Bei Annahme oder Ablehnung dieser Idee kommt in Frage, ob man den Willen aufbringt, bis zu diesem Gebiet der Ursachen sich hindurchzuarbeiten. Und dieser Wille muß von der Betrachtung der äußeren Einrichtungen hinweg zu den die Einrichtungen bewirkenden Menschen führen. Das Leben der neueren Zeit hat die Arbeitsteilung auf vielen Gebieten gebracht. Diese ist ein Erfordernis der äußeren Einrichtungen. Was durch die geteilten Arbeitsgebiete bewirkt wird, muß in den lebensvollen menschlichen Wechselverhältnissen seinen Ausgleich finden. Die Arbeitsteilung trennt die Menschen; die Kräfte, die ihnen kommen werden aus den selbständig gewordenen drei Gliedern des sozialen Organismus, werden sie wieder zusammenschließen. Unser soziales Leben hat sein Gepräge davon, daß die Trennung der Menschen den Höhepunkt ihrer Entwickelung erreicht hat. Das muß durch Lebenserfahrung erkannt werden. Wer es erkennt, für den wird es zur notwendigen Zeitforderung, an das Betreten der Wege zu denken, die zum Zusammenschluß führen.

Solche konkrete Erscheinungen des Wirtschaftslebens wie der intensiver werdende Kreditverkehr beleuchten diese notwendige Zeitforderung. Je stärker die Hinneigung zur kapitalistischen Orientierung, je entwickelter die Geldwirtschaft, je tätiger der Unternehmungsgeist geworden sind, desto mehr entfaltet sich der Kreditverkehr. Der aber müßte für ein gesundes Denken das Bedürfnis hervorrufen, ihn mit einem wirklichen Verständnis der realen Gütererzeugung und des menschlichen Bedarfes nach bestimmten Gütern zu durchdringen. Er wird letzten Endes nur gesund wirken können, wenn der Kreditgewährer sich verantwortlich fühlt für dasjenige, was durch seine Kreditgewährung geschieht; und wenn der Kreditnehmer durch die wirtschaftlichen Zusammenhänge – durch die Assoziationen –, in denen er drinnensteht, dem Kreditgewährer Unterlagen für diese Verantwortlichkeit liefert. Es kann sich für eine gesunde Volkswirtschaft nicht bloß darum handeln, daß der Kredit den Unternehmungsgeist als solchen fördere, sondern darum, daß Einrichtungen vorhanden seien, durch die der Unternehmungsgeist sich in sozial günstiger Art auswirkt.

Theoretisch wird es kaum jemand bezweifeln wollen, daß eine Erhöhung des Verantwortlichkeitsgefühls in dem gegenwärtigen Wirtschaftsverkehr notwendig ist. Diese Erhöhung hängt aber davon ab, daß Assoziationen entstehen, durch deren Tätigkeit dem einzelnen Menschen wirklich vor Augen gestellt wird, was in der sozialen Gemeinschaft durch seine Handlungsweise geschieht.

Es wird von Persönlichkeiten, deren Lebensaufgabe mit der Bodenbewirtschaftung zusammenhängt und die daher Erfahrung auf diesem Gebiete haben, mit Recht behauptet, daß, wer Grund und Boden zu verwalten hat, diesen nicht wie eine beliebige Ware betrachten dürfe, und daß auch der Landkredit auf andere Art gewährt werden müsse als der Warenkredit. Aber es ist unmöglich, daß im gegenwärtigen Wirtschaftskreislauf solche Erkenntnisse eine praktische Bedeutung gewinnen, wenn nicht hinter dem einzelnen die Assoziationen stehen, die aus den Beziehungen der einzelnen Wirtschaftsgebiete heraus der Bodenwirtschaft ein anderes Gepräge geben als einem anderen Produktionszweige.

Es ist durchaus begreiflich, daß manche Menschen zu solchen Ausführungen sagen: wozu das alles, da doch schließlich der menschliche Bedarf der Herr aller Produktion ist und zum Beispiel niemand zur Kreditgewährung oder Kreditentgegennahme kommen kann, wenn nicht aus irgendeiner Ecke heraus ein Bedarf die Sache rechtfertigt. Man könnte sogar sagen: schließlich ist doch alles, was da über soziale Einrichtungen erdacht wird, nichts weiter als ein bewußtes Gestalten dessen, was sicher auch automatisch «Angebot und Nachfrage» regeln. Wer aber genauer zusieht, dem wird durchsichtig werden, daß es bei den Auseinandersetzungen über die soziale Frage, die von der Idee der Dreigliederung des sozialen Organismus ausgehen, nicht darauf ankommt, an die Stelle des freien Verkehrs im Zeichen von Angebot und Nachfrage eine Zwangswirtschaft zu setzen, sondern darauf, die gegenseitigen Werte der Lebensgüter so zu gestalten, daß im wesentlichen der Wert eines Menschenerzeugnisses dem Werte der anderen Güter entspricht, für welche der Erzeuger in der Zeit Bedarf hat, die er auf die Erzeugung verwendet. Ob man bei kapitalistischer Orientierung ein Gut erzeugen will, darüber mag die Nachfrage entscheiden; ob ein Gut erzeugt werden kann zu einem Preise, der seinem Werte im gekennzeichneten Sinne entspricht, darüber kann nicht die Nachfrage allein entscheiden. Diese Entscheidung kann nur durch Einrichtungen bewirkt werden, durch die aus dem ganzen sozialen Organismus heraus die Bewertung der einzelnen Lebensgüter zustande kommt. Wer bezweifeln will, daß solche Einrichtungen erstrebenswert seien, der hat kein Auge dafür, daß bei dem bloßen Walten von Angebot und Nachfrage menschliche Bedürfnisse verkümmern, deren Befriedigung die Zivilisation eines sozialen Organismus erhöht; und ihm fehlt der Sinn für ein Streben, das die Befriedigung solcher Bedürfnisse in die Antriebe des sozialen Organismus einfügen will. In dem Schaffen des Ausgleichs zwischen den menschlichen Bedürfnissen und dem Werte der menschlichen Leistungen sieht das Streben nach der Dreigliederung des sozialen Organismus seinen Inhalt.

DER FATALISMUS ALS ZEITSCHÄDLING

Man wird nicht leugnen können, daß in Mitteleuropa die Zahl der Menschen immer größer wird, deren kulturpolitisches Glaubensbekenntnis in den Fatalismus einmündet. Sie sagen: Wir müssen durch die weitere Zerstörung, durch das noch größere Chaos durch, bevor wir wieder zu einer fruchtbaren Entwickelung des öffentlichen Lebens kommen können. Sie sehen aus der Ratlosigkeit, aus der Verworrenheit, in die wir mit jeder Woche mehr hineintreiben, daß aus den Meinungen der alten Parteiführer, aus den Anschauungen derjenigen, welche bisher aus dem Gang der Ereignisse in leitende Stellungen geschoben worden sind, nichts Fruchtbares geschaffen werden kann. Das veranlaßt sie aber nicht, die Zuflucht zu suchen bei Ideen, die aus den Grundbedingungen des sozialen Lebens erkennend einen Neu-Aufbau herbeiführen wollen, sondern es bringt sie nur dazu, auf ein Nebelhaftes, Unbestimmtes zu hoffen, das dann eintreten werde, wenn die Not, die Verwirrung noch größer geworden sein werden.

Wer solche Ideen vorbringt, dem entgegnen sie: Die Erlösung kann nicht von den Gedanken einzelner Träumer kommen, sie muß aus den Tiefen des Volkswillens heraus sich ergeben. Es ist, als ob sich solche Menschen loskaufen möchten von der Mühe des Durchdenkens fruchtbarer Ideen durch diesen Ruf nach dem «Volkswillen». Sie durchschauen nicht, was aus diesem «Volkswillen» heute sich entwickelt. Sie erkennen nicht, wie dieser Volkswille, um nicht in das Wesenlose seine Kraft zu zersplittern, der Befruchtung durch die leitenden Ideen bedarf. Sie wollen die Ideen nicht; deshalb warten sie auf das Wunder des ideenlosen Volkswillens.

In der letzten Zeit konnte man noch einen anders ausgedrückten politischen Wunderglauben ausgesprochen hören. Man bemerkte, daß aus alten Parteigedanken keine aussichtsvollen politischen Handlungen sich ergeben. Man erkannte die Unfruchtbarkeit in dem Tun oder eigentlich in dem Nicht-tun der führenden Persönlichkeiten, die aus dem Schoße des Parteiwesens zur Führung aufsteigen. Aus dieser Erkenntnis heraus ruft man nach «Fachleuten», die aus irgendwelchen parteifreien Einsichten die Tatenlosigkeit durch Schöpfungen fruchtbarer Art ersetzen sollen.

Man hat also die Vorstellung, daß es solche «Fachleute» gibt. Man brauche sich nur an sie zu wenden, ihnen die

«Geschäfte» zu übertragen. Wenn sie, unbeeinflußt durch die Parteiworte von links und rechts, die Räder des politisch-sozialen Lebens lenken, dann werde es zu etwas führen. Man sieht nicht, daß unsere Not gerade dadurch veranlaßt ist, daß die Ideen der alten Fachleute in eine Sackgasse gekommen sind. Dieses «Fachwissen» hat doch die völlige Richtungslosigkeit bewirkt.

Es tritt da derselbe Irrtum zutage, der auf einem andern Gebiete, dem der Volkserziehung, wirkt. Man redet von der Notwendigkeit, Aufklärung durch «Volkshochschulen» zu schaffen. Man setzt voraus, daß die Erkenntnisse, welche durch die bisherige Entwickelung an die Oberfläche des öffentlichen Lebens getrieben worden sind, nur verbreitet werden sollen. Dann werden sie aus den breiten Massen heraus das Wunder der Besserung wirken. Man sollte sich sagen, daß aus diesen «Erkenntnissen» unsere trostlose Lage sich ergeben hat und daß die Trostlosigkeit nicht schwinden, sondern zunehmen werde, wenn das, was bei einer führenden Schicht nichts gefruchtet hat, in den breiten Massen sein Unwesen wuchern lassen werde. Zu «Volkshochschulen» hat man eine Erneuerung des Wissens vor allem nötig, einen geistigen Neubau. Erst muß an den Umschwung dessen gedacht werden, was in den Volkshochschulen gelehrt werden soll, bevor man an diese selbst herangehen kann.

Daß eine Wandlung in den Gedanken eintreten müsse, dazu will man sich nicht bekennen. Man möchte sich damit begnügen, neue Formen für die Pflege der alten Gedanken zu gewinnen. Es ist, als ob man mit allen Mitteln darnach suchte, die neuen Gedanken keiner Prüfung unterwerfen zu müssen. Die nach «Fachleuten» für die leitenden Stellen rufen, sagen wohl auch, nach solchen müsse man sich umsehen, damit das Vertrauen im Auslande wiederhergestellt werde. Man glaubt, in England und Amerika werde man uns Kredite gewähren, wenn erst solche Fachleute Bürgen sein können für die rechte Verwendung dieser Kredite.

Das Ausland wird sich ganz gewiß nicht darum kümmern, ob die Persönlichkeiten, die mit ihm von Mitteleuropa aus zu verhandeln haben, aus den alten Verhältnissen heraus als «Fachleute» abgestempelt sind. Es hat sich vor 1914 um diese «Fachleute» nicht gekümmert und wird dies auch 1920 nicht tun. Das Ausland wird erst anfangen aufzuhorchen, wenn aus dem mitteleuropäischen Gebiet fruchtbare Ideen aufleuchten. Aber auch diese ganze heutige Rederei vom Vertrauenherstellen im Auslande ist nur eine Folge der Flucht vor den Ideen bei uns selber. Man will sich nicht aufraffen zur Stellungnahme gegenüber den Ideen. Aus diesem Grunde ruft man nach Leuten, die man nicht daraufhin ansieht, was sie zu sagen haben, sondern die aus ungeprüften Verhältnissen heraus als «Fachleute» abgestempelt sind. Man will nicht suchen, wie man einen Neu-Aufbau bewirken könne; man will auf die erlösende Wendung warten, die wie eben ein Wunder kommen soll. Man wird nur erleben, daß die «Fachleute» nach einiger Zeit die Unfruchtbarkeit ihrer «Fächer» zur Offenbarung bringen werden und daß in der bis dahin verfließenden Zeit das Chaos ein noch größeres geworden ist.

Gegen diese Flucht und Furcht vor Ideen kämpft die Bewegung für die Dreigliederung des sozialen Organismus, seit sie es versucht hat, sich in das öffentliche Leben hineinzustellen. Deren Träger mußten von Anfang an sagen, daß alle die Experimente, die im sozialen Leben versucht werden in Anlehnung an die Ideen, die unser Unglück mitverschuldet haben, zu nichts führen können. Wer sehen will, wie sich die Verhältnisse nach dem sogenannten Friedensschlusse entwickelt haben, der müßte doch endlich zu der Einsicht geführt werden, daß die Art, wie sich diese Träger der Dreigliederungs-Idee zu den hoffnungslosen Neubau-Versuchen gestellt haben, durch die Tatsachen eine gewisse Bestätigung gefunden hat.

Nicht das Warten auf ein Wunder, das – niemand weiß woher – kommen soll, sondern allein der Wille zu leitenden Ideen kann uns weiterführen. Der Fatalismus, bei dem wir angekommen sind, ist das allerbedenklichste Zeichen der Zeit. Denn er lähmt den Willen zu den leitenden Ideen. Und geht diese Lähmung weiter, dann treten die zerstörenden Instinkte an die Stelle der aufbauenden Vernunft. Und aus dieser Willenslähmung kann zuletzt nur der völlige Untergang kommen. Weiter, als sich viele gestehen, sind wir bereits auf dem Wege, den die zerstörenden Instinkte gehen. Es gibt einen Punkt auf diesem Zerstörungswege, auf dem nicht das «Wunder» entstehen wird, sondern auf dem so viele Ohren taub sein werden für die Vernunft, daß diese sich nicht mehr wird hörbar machen können. Heute sind wohl noch nicht die Ohren taub; aber der Wille läßt die Hörkraft nicht zur Geltung kommen. Deshalb muß immer von neuem betont werden: Die Rettung kann nur kommen, wenn eine genügend große Anzahl von Menschen von dem Willen ergriffen wird, an der Umwandlung der Denkungsart mitzuarbeiten. Wer vor dieser Arbeit zurückschreckt, kann nicht in Betracht kommen gegenüber dem, was in der Gegenwart für die Entwickelung der Menschheit notwendig ist.

STAATSPOLITIK UND MENSCHHEITSPOLITIK

Wer heute sich ein politisches Urteil bilden will, der muß von den Ideen und Programmen Abschied nehmen, mit denen man noch vor kurzer Zeit Parteien gebildet und öffentliche Diskussionen geführt hat. Und wo solche Parteien fortbestehen, wo solche Diskussionen fortgeführt werden, da bleiben sie hinter den Ereignissen weit zurück.

Man darf die mächtige sozialistische Bewegung, welche die moderne Zivilisation erschüttert, nicht in die Begriffe einfangen wollen, mit denen man vor einem Jahrzehnt an sie herantrat. Da dachte man, mit Staatspolitik sie bewältigen zu können. Man gestaltete diese Staatspolitik verschieden, je nachdem man konservativ, liberal oder sozialistisch war, aber man zweifelte nicht daran, daß Staatspolitik in irgendeiner Art die öffentlichen Angelegenheiten bewältigen müsse.

Doch diese Angelegenheiten zeigen gegenwärtig mit aller Deutlichkeit, daß sie überall der Staatspolitik sich nicht fügen wollen. Und sieht man genauer auf den Gang der Ereignisse hin, so wird man finden können, daß die Anschauungen über den Staat, die man heute geltend machen will, nirgends mit den Gesamtbestrebungen der Menschheit zusammenfallen. Im europäischen Osten wollen Fanatiker einen Staat in der Form zimmern, die ihnen als Wirtschaftsgemeinschaft vorschwebt. Zwar versichern sie, daß ihr entferntes Ziel die Hinwegräumung jeglichen Staatsgebildes sei. Vorläufig aber wollen sie einen militaristisch organisierten Wirtschaftsstaat gestalten. Er trägt die Keime des Verfalls in sich. Denn in der Menschheit wirkt gegenwärtig ein politisch-demokratischer Trieb, der sich in einem militarisierten Wirtschaftsstaat nicht zur Geltung bringen kann. Die «Diktatur» des Proletariats könnte für kurze Zeit diesen Trieb lähmen; austilgen kann sie ihn nicht. Ebensowenig kann der bloß wirtschaftlich orientierte Staat ein Geistesleben schaffen, das für die Bedürfnisse der Menschheit Befriedigung bringen könnte.

Das letztere sehen idealistisch veranlagte Menschen ein. Deshalb bemühen sie sich, die religiösen und geistigen Ideen neu zu beleben. Katholiken, Protestanten und freireligiös empfindende Personen kann man auf dem Wege nach diesem Ziele sehen. Aber ihre oft kraftvollen und wohlgemeinten Bestrebungen zeigen sich ohnmächtig. Sie dringen nicht bis in diejenigen Seelentiefen der Menschen, in denen die Kräfte wirken, die Krieg und Frieden bestimmen, oder die haltbare wirtschaftliche Zustände schaffen. In der Schweiz reden amerikanische Vertreter des Geisteslebens, um von ihren Gesichtspunkten aus den Völkerbunds-Ideen Tragkraft zu geben. Der Unbefangene muß zu der Überzeugung kommen: sie werden vergebens reden. Denn ihre Worte werden keinen Zugang finden zu den Herzen derer, bei denen die Instinkte nur nach einer Umgestaltung des Wirtschaftslebens hindrängen.

In England hat der Bergarbeiterstreik die Gemüter aufgewühlt. Auch wenn es dem Parlament gelingt, augenblicklich seiner Herr zu werden, so wird dies durch Einrichtungen geschehen müssen, mit denen sich in einigen Jahren der Gang der Wirtschaft wird nicht aufrechterhalten lassen. Was in diesem Falle das Parlament getan hat, das zeigt mit voller Klarheit, daß ein Staatsparlament zwar die öffentlichen Angelegenheiten bereden und durch das Bereden in einer vorläufigen Weise ordnen kann, daß es aber doch ohnmächtig ist, das Wirtschaftsleben zu bemeistern.

Europa hat aufgeatmet, weil es dem Bolschewismus nicht gelungen ist, die Polen zu besiegen. Es würden viele noch befriedigter atmen, wenn es den «Sieg» der einen oder der anderen Macht über das bolschewistische Rußland erlebte. Die so denken, ahnen nicht, daß sie, wenn sie fortfahren, im alten Sinne «staatspolitisch» zu wirken, aus dem untergehenden Bolschewismus in nicht ferner Zeit ein anderes Schreckgebilde aufstehen sehen würden. Ein solches, das ihnen wohl näher wäre als der russische Bolschewismus.

Die Staatspolitik, die ihren Bereich über das Geistes- und das Wirtschaftsleben ausgedehnt hat, die den Menschen zugleich erziehen und unterrichten und auch seine Wirtschaft besorgen will, hat es dazu gebracht, so zu erziehen, daß das Geistesleben ohnmächtig ist gegenüber der Gestaltung des sozialen Lebens. Sie lebt durch Parlamente und administrative Einrichtungen, die an dem wirklichen Gang des Geisteslebens vorbeireden und vorbeihandeln. Sie führt zuletzt bei den breiten Massen und deren Führern zu einem Staats-Ideal, das einen tyrannischen und noch dazu ungenügenden Wirtschafts-Dilettantismus verkörpern will.

Warum ist das Geistesleben ohnmächtig? Weil es ohnmächtig werden muß, wenn Staaten die Erziehungs- und Unterrichtsnormen festsetzen. Denn der Geist kann zu der ihm gebührenden Macht nur gelangen, wenn er in voller Freiheit seine eigenen Ziele verfolgen kann. Die Selbstverwaltung des vom Staate emanzipierten Geisteslebens, namentlich seines wichtigsten Gebietes, des Unterrichts- und Erziehungswesens, kann allein den geistigen Impulsen den

Zugang zu den Menschenherzen eröffnen. Schulen, die vom Staate und vom Wirtschaftsleben ganz unabhängig sind, werden Menschen aus sich hervorgehen lassen, deren Geisteskraft gestaltend auf Staat und Wirtschaft wirken kann. Man wendet ein: das führt zur Unbildung zurück. Denn wo kein Staats-Schul-Zwang, da werden die meisten Kinder auch nicht in die Schule geschickt. Man sollte vielmehr gerade an die Lösung der Aufgabe gehen: wie bringt man die Kinder ohne Staatszwang in die Schulen hinein?

Die gleiche Absonderung vom Staate und die Selbstverwaltung wie das Geistesleben fordert das Wirtschaftsleben. Der Staat kann nur über diejenigen Angelegenheiten sich erstrecken, in denen alle mündig gewordenen Menschen als einander gleiche urteilsfähig sind. Der demokratische Parlamentarismus ist sein Lebenselement. Aber dieser Parlamentarismus muß zu seiner organischen Ergänzung ein sich selbst verwaltendes Geistes- und ein ebensolches Wirtschaftsleben haben. In beiden müssen andere Kräfte walten als diejenigen, die in demokratischen Parlamenten sich entfalten können.

Die alten Staatsgebilde, die sich das Geistesleben und die Wirtschaft in weitem Umfange einverleibt haben, werden keine Gebilde der Menschengemeinschaft sein, in denen sich die modernen Menschheitsfragen lösen lassen. Die Unruhe der modernen Zivilisation hat ihren Ursprung in dem Herausstreben des Geistes- und Wirtschaftslebens aus diesen Staatsgebilden.

Im Osten herrscht das Chaos. Im Westen sollten sich genug urteilsfähige Köpfe finden, welche durch die Befreiung des Geistes- und des Wirtschaftslebens den Weg suchen aus der immer mehr um sich greifenden Lähmung der öffentlichen Geisteskräfte. Solange nicht genügend Menschen da sind, die mit solchen Anschauungen Erfolg haben können, wird die moderne Zivilisation in Unruhen erbeben, und die Drohung wird bestehen bleiben, daß aus dem Chaos des Ostens das Weltenchaos sich entwickeln werde.

ANMERKUNGEN DER HERAUSGEBER

zu Seite

11 *«Aufruf an das deutsche Volk...»:* Im Frühjahr 1919 in zahlreichen deutschen und ausländischen Zeitungen publiziert.
Dem Aufruf waren folgende Erläuterungen beigefügt:

«Die Veröffentlichung dieses Aufrufes in der Presse Deutschlands, Deutsch-Österreichs und der Schweiz im März führte zu der Gründung eines Bundes für Dreigliederung des sozialen Organismus mit dem Sitz in Stuttgart für Deutschland. Infolge einer raschen Ausbreitung der Bewegung entstanden in allen größeren Städten Deutschlands Ortsgruppen, welche den Dreigliederungs-Gedanken in alle Volkskreise hinauszutragen sich zur Aufgabe gemacht haben.
In Deutsch-Österreich, der Schweiz, Skandinavien, Holland und der Tschecho-Slowakei sind Bundesorganisationen geschaffen worden mit Zentralstellen in Wien, Zürich, Kopenhagen, Stockholm, Bergen, Haag und Prag, von denen aus die Bewegung den dortigen Verhältnissen entsprechend geleitet wird. Auch in anderen europäischen Staaten sind eine Reihe von Mitarbeitern für die Ausbreitung der Dreigliederungs-Idee tätig.
Die Entwicklung der Dinge in Deutschland seit dem erstmaligen Erscheinen dieses Aufrufes zeigt, wie wenig an Einsicht in diejenigen Grundlagen vorhanden ist, deren Berücksichtigung eine gesunde und erfolgreiche Umgestaltung unserer ganzen Gesellschaftsordnung herbeiführen kann. Die anderweitigen Versuche, welche bisher gemacht worden sind, haben sich als nicht tragfähig erwiesen. Weil sie hoffnungslos sind, lähmen sie den Volkswillen und stärken die Gegner Deutschlands.
Aus dem Dreigliederungs-Gedanken ergibt sich, daß nicht nur wirtschaftlich umgestaltet werden darf, sondern auch geistig. Der Bund erließ einen Aufruf zur Gründung eines Kulturrates, der den Zusammenschluß derjenigen Persönlichkeiten des Geisteslebens ermöglichen soll, denen die selbständige Verwaltung und die Erneuerung des Geisteslebens eine Frage der Verantwortung für das geistige Fortbestehen Deutschlands ist. Die Vorarbeiten für den Kulturrat haben in Stuttgart bereits ihren Anfang genommen.»

Der Aufruf wurde auch dem Buche «Die Kernpunkte der sozialen Frage» als Anhang beigefügt. Dieses Werk gibt den wissenschaftlichen Unterbau für das, was in dem Aufruf zusammengefaßt ist. Über die Sammlung der Unterschriften usw. vgl. Rudolf Steiners Vorträge vom

Februar und März 1919, insbesondere vom 15. Februar (1. Vortrag in «Die soziale Frage als Bewußtseinsfrage», GA 189).

11 *«Die Kernpunkte der sozialen Frage»* (1919), GA 23.

Wochenschrift «Dreigliederung des sozialen Organismus»: Erschien vom 8. Juli 1919 an wöchentlich in Stuttgart. Ab 1922: «Anthroposophie, Wochenschrift für freies Geistesleben».

12 *Versailles, Spa:* Der Friedensvertrag von Versailles, durch welchen der 1. Weltkrieg formell beendet wurde, wurde am 28. Juni 1919 unterzeichnet. Spa in Belgien war der Tagungsort der Europäischen Konferenz über die deutschen Reparationen vom 5. bis 16. Juli 1920. Deutschland wurde durch die Drohung mit dem Einmarsch von Truppen in das Ruhrgebiet zur Annahme der alliierten Bedingungen veranlaßt.

31 *Friedrich Engels,* 1820–1895, «Die Entwicklung des Sozialismus von der Utopie zur Wissenschaft» (1891) 6. Aufl., Berlin 1919.

35 *ein «unzulängliches Wahre»...:* Goethe, «Sprüche in Prosa», 2. Abt. Die Wissenschaft im Allgemeinen und ihre Geschichte.

«Allgemeine Begriffe und großer Dünkel...» Goethe, «Sprüche in Prosa», 6. Abt.: Ethisches

83 *Waldorfschule:* Die Freie Waldorfschule in Stuttgart wurde im Jahre 1919 unter der pädagogischen Leitung von Rudolf Steiner begründet durch *Emil Molt* (1876–1936), dem Leiter der Waldorf Astoria-Zigarettenfabrik in Stuttgart, zunächst für die Kinder der an diesem Unternehmen tätigen Mitarbeiter. Rudolf Steiner berief die Lehrkräfte und erteilte ihnen vorbereitende seminaristische Kurse. Sie wurde zum Muster zahlreicher Schulgründungen in Ländern der ganzen Welt.

97 *Claude Henri de Saint Simon,* 1760–1825, Gründer der sog. ersten sozialistischen Schule, gemäß welcher die Einrichtungen der menschlichen Gesellschaft im Sinne rein naturwissenschaftlicher Gesetzmäßigkeit gestaltet werden sollten.

Robert Owen, 1771–1858, idealistischer Sozialreformer. Vgl. Rudolf Steiner «Geisteswissenschaft und soziale Frage».

Fourier, François Marie Charles, 1772–1835, Schöpfer eines sozialistischen Systems auf naturwissenschaftlicher Basis.

99 *«Die Kernpunkte der sozialen Frage»* (1919), GA 23.

113 *Herman Grimm,* 1828–1902, «Schiller und Goethe» in «Fünfzehn Essays», 1. Folge, Gütersloh 1889, S. 166.

121 *Zerrüttung der Valuta:* Die deutsche Währung wurde nach dem 1. Weltkrieg durch eine sich ständig steigernde Inflation (1923: 1 Goldmark = 1 Billion) völlig entwertet.

124 *Matthias Erzberger,* 1875–1921, Zentrumsabgeordneter, Oktober 1918 Waffenstillstandsbevollmächtigter, 1919–1921 Reichsfinanzminister, 1921 von Nationalisten ermordet.

150 *Jungtürken, Annexion Bosniens:* Die türkische Revolution unter Kemal Atatürk fand 1908 statt, wodurch die Annexion Bosniens durch Österreich ausgelöst wurde.

Bagdadproblem: Der unter starker deutscher Beteiligung seit 1899 unternommene Bau einer Eisenbahn von Kleinasien über Bagdad nach dem Persischen Meerbusen führte zu politischen Spannungen wegen des befürchteten Einflusses Deutschlands im Mittleren Osten.

166 *Saint Simon, Fourier:* Siehe Hinweise zu S. 97.

175 *Hartley Withers,* Verfasser von «The meaning of money», deutsch «Geld und Kredit in England», Jena 1911.

197 *Im europäischen Osten:* Gemeint ist das bolschewistische Rußland unter Lenin.

amerikanische Vertreter des Geisteslebens: War nicht festzustellen.

198 *Bergarbeiterstreik:* Im Oktober und November 1920 fand in England ein Bergarbeiterstreik statt, der das Land tief erschütterte.

199 *weil es dem Bolschewismus nicht gelungen ist, Polen zu besiegen:* Infolge Marschall Pilsudskis «Sieg von Warschau» 1920.

QUELLENNACHWEIS

Die im ersten Teil des vorliegenden Bandes aufgenommenen Aufsätze waren ursprünglich als Leitartikel in der Wochenzeitung «Dreigliederung des sozialen Organismus», Stuttgart, I. Jg. 1919/20 veröffentlicht. Im Jahre 1920 erschienen diese Aufsätze in Buchform mit einer von Rudolf Steiner verfaßten Vorbemerkung versehen unter dem Titel «In Ausführung der Dreigliederung des sozialen Organismus» in «Der Kommende Tag A.G. Verlag», Stuttgart.

Die ersten vier Aufsätze des zweiten Teiles dieser Ausgabe waren ursprünglich in der Zeitschrift «Soziale Zukunft», Zürich, 1. Jg., Heft 1–4, 1919/20 erschienen.

Der Aufsatz «Der Fatalismus als Zeitschädling» war erstmals veröffentlicht in der Wochenzeitung «Dreigliederung des sozialen Organismus», I. Jg. Nr. 41, April 1920. Der Aufsatz «Staatspolitik und Menschheitspolitik», der diesem Band den Titel gab, war ursprünglich in französischer Sprache erschienen unter dem Titel «Politique d'État et politique d'humanité» in «Le Genêvois», 46e année nouvelle série Nr. 20, 13. November 1920, Genf.

Sämtliche Aufsätze sind innerhalb der Rudolf Steiner Gesamtausgabe veröffentlicht in dem Band «Aufsätze über die Dreigliederung des sozialen Organismus und zur Zeitlage 1915–1921», GA 24.

LITERATURHINWEIS

(GA = Rudolf Steiner Gesamtausgabe

Zur Weiterführung und Vertiefung der Darstellungen des vorliegenden Bandes sei auf folgende Ausgaben von Rudolf Steiner verwiesen:

Schriften

Die Kernpunkte der sozialen Frage in den Lebensnotwendigkeiten der Gegenwart und Zukunft (1919). GA Bibl.-Nr. 23 (Taschenbuch tb 606)

Die Philosophie der Freiheit. Grundzüge einer modernen Weltanschauung. Seelische Beobachtungsresultate nach naturwissenschaftlicher Methode (1894). GA Bibl.-Nr. 4 (Taschenbuch tb 627)

Geisteswissenschaft und soziale Frage. Drei Aufsätze 1905/06. Dornach 1977 (Einzelausgabe aus GA Bibl.-Nr. 34)

Aufsätze über die Dreigliederung des sozialen Organismus und zur Zeitlage 1915–1921. GA Bibl.-Nr. 24

Vorträge

I. Grundlegende Darstellungen

Die soziale Frage. Sechs öffentliche Vorträge, Zürich 1919. GA Bibl.-Nr. 328

Die Befreiung des Menschenwesens als Grundlage für eine soziale Neugestaltung. Altes Denken und neues soziales Wollen. Neun öffentliche Vorträge und Fragenbeantwortungen in verschiedenen Schweizer Städten 1919. GA Bibl.-Nr. 329

Neugestaltung des sozialen Organismus. Vierzehn Vorträge, gehalten öffentlich und für die Arbeiterschaft großer Industriebetriebe im Stuttgarter Raum 1919. GA 330

Soziale Zukunft. Sechs öffentliche Vorträge mit Fragenbeantwortungen, Zürich 1919. GA 332a (Taschenbuch tb 631)

Gedankenfreiheit und soziale Kräfte. Sechs öffentliche Vorträge, gehalten zwischen dem 26. Mai und 30. Dezember 1919 in Ulm, Berlin und Stuttgart. GA 333 (Taschenbuch tb 652)

Vom Einheitsstaat zum dreigliedrigen sozialen Organismus. Elf öffentliche Vorträge in Basel, Zürich und Dornach im Frühjahr 1920. Grundlegende

Darstellungen der anthroposophisch orientierten Geisteswissenschaft und ihrer Erkenntnisse für die Bewältigung der sozialen Aufgaben. GA Bibl.-Nr. 334

Westliche und östliche Weltgegensätzlichkeit. Wege zu ihrer Verständigung durch Anthroposophie. Zehn öffentliche Vorträge, gehalten auf dem Wiener «West-Ost-Kongreß» von 1922. Teil I: Anthroposophie und Wissenschaften. – Teil II: Anthroposophie und Soziologie. – Anhang (nur in geb. Ausgabe): Aufzeichnungen, West-Ost-Aphorismen, u. a. GA Bibl.-Nr. 83 (Taschenbuch tb 646)

Die Kardinalfrage des Wirtschaftslebens. Öffentlicher Vortrag in Kristiania (Oslo) 1922. Einzelausgabe aus GA Bibl.-Nr. 79

II. Schulungskurse

Wie wirkt man für den Impuls der Dreigliederung des sozialen Organismus? Zwei Schulungskurse für Redner und aktive Vertreter des Dreigliederungsgedankens, Stuttgart 1921. GA Bibl.-Nr. 338.

Anthroposophie, soziale Dreigliederung und Redekunst. Orientierungskurs für die öffentliche Wirksamkeit, mit besonderem Hinblick auf die Schweiz, Dornach 1921. Mit vielen Sprachübungen. GA Bibl.-Nr. 339

III. Vertiefende Darstellungen

Soziale und antisoziale Triebe im Menschen. Zwei Vorträge Dornach 6. Dezember und Bern 12. Dezember 1918. Einzelausgabe (aus GA Bibl.-Nr. 186)

Die Mission einzelner Volksseelen im Zusammenhang mit der germanisch-nordischen Mythologie. Elf Vorträge in Kristiania (Oslo) Juni 1910. GA Bibl.-Nr. 121 (Taschenbuch tb 613)

Geschichtliche Symptomatologie. Neun Vorträge in Dornach Oktober / November 1918. GA Bibl.-Nr. 185

Entwicklungsgeschichtliche Unterlagen zur Bildung eines sozialen Urteils. Acht Vorträge in Dornach November 1918. GA Bibl.-Nr. 185 a

Die soziale Grundforderung unserer Zeit. In geänderter Zeitlage. Zwölf Vorträge in Dornach und Bern November / Dezember 1918. GA Bibl.-Nr. 186

Der Goetheanismus, ein Umwandlungsimpuls und Auferstehungsgedanke. Menschenwissenschaft und Sozialwissenschaft. Zwölf Vorträge in Dornach Januar / Februar 1919. GA Bibl.-Nr. 188

Die soziale Frage als Bewußtseinsfrage. Acht Vorträge in Dornach Februar / März 1919. GA Bibl.-Nr. 189

Vergangenheits- und Zukunftsimpulse im sozialen Geschehen. Zwölf Vorträge in Dornach März / April 1919. GA Bibl.-Nr. 190

Soziales Verständnis aus geisteswissenschaftlicher Erkenntnis. Fünfzehn Vorträge in Dornach Oktober / November 1919. GA Bibl.-Nr. 191

Geisteswissenschaftliche Behandlung sozialer und pädagogischer Fragen. Siebzehn Vorträge in Stuttgart April bis September 1919. GA Bibl.-Nr. 192

Die Erziehungsfrage als soziale Frage. Die spirituellen, kulturgeschichtlichen und sozialen Hintergründe der Waldorfschul-Pädagogik. Sechs Vorträge in Dornach August 1919. GA Bibl.-Nr. 296

Der innere Aspekt des sozialen Rätsels. Luziferische Vergangenheit und ahrimanische Zukunft. Zehn Vorträge in verschiedenen Städten 1919. GA Bibl.-Nr. 193

Geistige und soziale Wandlungen in der Menschheitsentwickelung. Achtzehn Vorträge in Dornach Januar / Februar 1920. GA Bibl.-Nr. 196

Gegensätze in der Menschheitsentwickelung. West und Ost – Materialismus und Mystik – Wissen und Glauben. – Elf Vorträge in Stuttgart 1920. GA Bibl.-Nr. 197

Heilfaktoren für den sozialen Organismus. Siebzehn Vorträge in Dornach März bis Juli 1920. GA Bibl.-Nr. 198

Geisteswissenschaft als Erkenntnis der Grundimpulse sozialer Gestaltung. Siebzehn Vorträge und eine Ansprache in Dornach und Berlin August / September 1920. GA Bibl.-Nr. 199

IV. Nationalökonomie

Aufgaben einer neuen Wirtschaftswissenschaft

Nationalökonomischer Kurs. Vierzehn Vorträge für Studenten der Nationalökonomie, Dornach 1922. GA Bibl.-Nr. 340

Nationalökonomisches Seminar. Sechs seminaristische Besprechungen mit den Teilnehmern am «Nationalökonomischen Kurs». Mit Gesamtregister für beide Bände. GA Bibl.-Nr. 341

Schriftenreihe

«Beiträge zur Rudolf Steiner Gesamtausgabe»

Veröffentlichungen aus dem Archiv der Rudolf Steiner-Nachlaßverwaltung

Heft 15: *Das Jahr 1917. Im Gedenken an ein geistes- und weltgeschichtliches Ereignis.* Mit Aufzeichnungen zur sozialen Frage. (Sommer 1966)

Heft 24/25: *Fünfzig Jahre «Die Kernpunkte der sozialen Frage» 1919–1969.* Mit einer Chronik Januar 1918 bis April 1919 sowie Aufzeichnungen, Entwürfen und Notizen von Rudolf Steiner. (Ostern 1969)

Heft 27/28: *1919 – das Jahr der Dreigliederungsbewegung und der Gründung der Waldorfschule.* Fortsetzung der Chronik von Rudolf Steiners öffentlichem Wirken für die Dreigliederung des sozialen Organismus, April bis Dezember 1919 (Michaeli 1969)

Heft 88: *Die soziale Frage. Vor sechzig Jahren: Dreigliederungszeit.* Mit einem Vortrag von 1905: «Die soziale Frage und die Theosophie» (Johanni 1985)

Heft 93/94: *Polnisch oder Deutsch?* Oberschlesien, ein Schulbeispiel für die Notwendigkeit der Dreigliederung. (Michaeli 1986)

RUDOLF STEINER – LEBEN UND WERK

Das Lebenswerk, welches Rudolf Steiner der Nachwelt hinterlassen hat, dürfte nach Gehalt und Umfang innerhalb der Kulturwelt wohl ohne Beispiel dastehen. Seine Schriften – die Werke und Aufsätze – bilden die Grundlage für das, was er im Laufe seines Lebens in Vorträgen und Kursen seinen Zuhörern als «anthroposophisch orientierte Geisteswissenschaft» von immer neuen Aspekten aus darstellte und ausführte. Der größte Teil dieser rund sechstausend Vorträge ist in Nachschriften erhalten geblieben. Daneben entfaltete er auch auf künstlerischem Gebiet eine große Tätigkeit, welche ihren Höhepunkt in der Errichtung des ersten Goetheanumbaues in Dornach fand. So liegen eine große Anzahl malerischer, plastischer und architektonischer Arbeiten, Entwürfe und Skizzen von seiner Hand vor. Die durch ihn gegebenen Anregungen für die Erneuerung zahlreicher Lebensgebiete beginnen in der gegenwärtigen Zeit vermehrte Beachtung zu finden.

Seit dem Jahre 1956 wird durch die «Rudolf Steiner-Nachlaßverwaltung» an der Herausgabe der «*Rudolf Steiner Gesamtausgabe*» gearbeitet, die einen Umfang von etwa 330 Bänden erhalten wird. In den beiden ersten Abteilungen erscheinen die *Schriften* und das *Vortragswerk*, während in einer dritten Abteilung das *künstlerische Werk* in geeigneter Form zur Wiedergabe gelangt.

Einen systematischen Überblick über das Gesamtwerk gibt der Band «Bibliographische Übersicht. Das literarische und künstlerische Werk von Rudolf Steiner», auf welchen sich die im folgenden verwendete Bezeichnung «Bibl.-Nr.» bezieht. Über den jeweiligen Stand der erschienenen Bände orientieren die Bücherverzeichnisse und der Gesamtkatalog des «Rudolf Steiner Verlages».

Chronologischer Lebensabriß (zugleich Übersicht über die geschriebenen Werke)

1861 Am 27. Februar wird Rudolf Steiner in Kraljevec (damals Österreich-Ungarn, heute Jugoslawien) als Sohn eines Beamten der österreichischen Südbahn geboren. Seine Eltern stammen aus Niederösterreich. Er verlebt seine Kindheit und Jugend an verschiedenen Orten Österreichs.

1872 Besuch der Realschule in Wiener-Neustadt bis zum Abitur 1879.

1879	Studium an der Wiener Technischen Hochschule: Mathematik und Naturwissenschaft, zugleich Literatur, Philosophie und Geschichte. Grundlegendes Goethe-Studium.
1882	Erste schriftstellerische Tätigkeit.
1882–1897	Herausgabe von Goethes Naturwissenschaftlichen Schriften in Kürschners «Deutsche National-Litteratur», fünf Bände (Bibl.-Nr. 1a–e). Eine selbständige Ausgabe der Einleitungen erschien 1925 unter dem Titel *Goethes Naturwissenschaftliche Schriften* (Bibl.-Nr. 1).
1884–1890	Privatlehrer bei einer Wiener Familie.
1886	Berufung zur Mitarbeit bei der Herausgabe der großen «Sophien-Ausgabe» von Goethes Werken. *Grundlinien einer Erkenntnistheorie der Goetheschen Weltanschauung mit besonderer Rücksicht auf Schiller* (Bibl.-Nr. 2).
1888	Herausgabe der «Deutschen Wochenschrift», Wien (Aufsätze daraus in Bibl.-Nr. 31). Vortrag im Wiener Goethe-Verein: *Goethe als Vater einer neuen Ästhetik* (in Bibl.-Nr. 30).
1890–1897	Weimar. Mitarbeit am Goethe- und Schiller-Archiv. Herausgeber von Goethes Naturwissenschaftlichen Schriften.
1891	Promotion zum Doktor der Philosophie an der Universität Rostock. 1892 erscheint die erweiterte Dissertation: *Wahrheit und Wissenschaft. Vorspiel einer «Philosophie der Freiheit»* (Bibl.-Nr. 3).
1894	*Die Philosophie der Freiheit. Grundzüge einer modernen Weltanschauung. Seelische Beobachtungsresultate nach naturwissenschaftlicher Methode* (Bibl.-Nr. 4).
1895	*Friedrich Nietzsche, ein Kämpfer gegen seine Zeit* (Bibl.-Nr. 5).
1897	*Goethes Weltanschauung* (Bibl.-Nr. 6) Übersiedlung nach Berlin. Herausgabe des «Magazin für Literatur» und der «Dramaturgischen Blätter» zusammen mit O. E. Hartleben. (Aufsätze daraus in Bibl.-Nrn. 29–32). Wirksamkeit in der «Freien literarischen Gesellschaft», der «Freien dramatischen Gesellschaft», im «Giordano Bruno-Bund», im Kreis der «Kommenden» u. a.
1899–1904	Lehrtätigkeit an der von W. Liebknecht gegründeten Berliner «Arbeiter-Bildungsschule».

1900/01 *Welt- und Lebensanschauungen 19. Jahrhundert,* 1914 erweitert zu: *Die Rätsel der Philosophie* (Bibl.-Nr. 18). Beginn der anthroposophischen Vortragstätigkeit auf Einladung der Theosophischen Gesellschaft in Berlin. *Die Mystik im Aufgange des neuzeitlichen Geisteslebens* (Bibl.-Nr. 7).

1902–1912 Aufbau der Anthroposophie. Regelmäßige öffentliche Vortragstätigkeit in Berlin und ausgedehnte Vortragsreisen in ganz Europa. Marie von Sivers (ab 1914 Marie Steiner) wird seine ständige Mitarbeiterin.

1902 *Das Christentum als mystische Tatsache und die Mysterien des Altertums* (Bibl.-Nr. 8).

1903 Begründung und Herausgabe der Zeitschrift «Luzifer», später *«Lucifer-Gnosis»* (Aufsätze in Bibl.-Nr. 34).

1904 *Theosophie. Einführung in übersinnliche Welterkenntnis und Menschenbestimmung* (Bibl.-Nr. 9).

1904/05 *Wie erlangt man Erkenntnisse der höheren Welten?* (Bibl.-Nr. 10). *Aus der Akasha-Chronik* (Bibl.-Nr. 11). *Die Stufen der höheren Erkenntnis* (Bibl.-Nr. 12).

1910 *Die Geheimwissenschaft im Umriß* (Bibl.-Nr. 13).

1910–1913 In München werden die *Vier Mysteriendramen* (Bibl.-Nr. 14) uraufgeführt.

1911 *Die geistige Führung des Menschen und der Menschheit* (Bibl.-Nr. 15).

1912 *Anthroposophischer Seelenkalender. Wochensprüche* (in Bibl.-Nr. 40, und selbständige Ausgaben). *Ein Weg zur Selbsterkenntnis des Menschen* (Bibl.-Nr. 16).

1913 Trennung von der Theosophischen und Begründung der Anthroposophischen Gesellschaft.
Die Schwelle der geistigen Welt (Bibl.-Nr. 17).

1913–1922 Errichtung des in Holz als Doppelkuppelbau gestalteten ersten Goetheanum in Dornach/Schweiz.

1914–1923 Dornach und Berlin. In Vorträgen und Kursen in ganz Europa gibt Rudolf Steiner Anregungen für eine Erneuerung auf vielen Lebensgebieten: Kunst, Pädagogik, Naturwissenschaften, soziales Leben, Medizin, Theologie. Weiterbildung der 1912 inaugurierten neuen Bewegungskunst «Eurythmie».

1914	*Die Rätsel der Philosophie in ihrer Geschichte als Umriß dargestellt* (Bibl.-Nr. 18).
1916–1918	*Vom Menschenrätsel* (Bibl.-Nr. 20). *Von Seelenrätseln* (Bibl.-Nr. 21). *Goethes Geistesart in ihrer Offenbarung durch seinen «Faust» und durch das «Märchen von der Schlange und der Lilie»* (Bibl.-Nr. 22).
1919	Rudolf Steiner vertritt den Gedanken einer «Dreigliederung des sozialen Organismus» in Aufsätzen und Vorträgen, vor allem im süddeutschen Raum. *Die Kernpunkte der sozialen Frage in den Lebensnotwendigkeiten der Gegenwart und Zukunft* (Bibl.-Nr. 23). *Aufsätze über die Dreigliederung des sozialen Organismus* (Bibl.-Nr. 24). Im Herbst wird in Stuttgart die «Freie Waldorfschule» begründet, die Rudolf Steiner bis zu seinem Tode leitet.
1920	Beginnend mit dem Ersten anthroposophischen Hochschulkurs finden im noch nicht vollendeten Goetheanum fortan regelmäßig künstlerische und Vortragsveranstaltungen statt.
1921	Begründung der Wochenschrift «Das Goetheanum» mit regelmäßigen Aufsätzen und Beiträgen Rudolf Steiners (in Bibl.-Nr. 36).
1922	*Kosmologie, Religion und Philosophie* (Bibl.-Nr. 25). In der Silvesternacht 1922/23 wird der Goetheanumbau durch Brand vernichtet. Für einen neuen in Beton konzipierten Bau kann Rudolf Steiner in der Folge nur noch ein erstes Außenmodell schaffen.
1923	Unausgesetzte Vortragstätigkeit, verbunden mit Reisen. Zu Weihnachten 1923 Neubegründung der «Anthroposophischen Gesellschaft» als «Allgemeine Anthroposophische Gesellschaft» unter der Leitung Rudolf Steiners.
1923–1925	Rudolf Steiner schreibt in wöchentlichen Folgen seine unvollendet gebliebene Selbstbiographie *Mein Lebensgang* (Bibl.-Nr. 28) sowie *Anthroposophische Leitsätze* (Bibl.-Nr. 26), und arbeitet mit Dr. Ita Wegman an dem Buch *Grundlegendes für eine Erweiterung der Heilkunst nach geisteswissenschaftlichen Erkenntnissen* (Bibl.-Nr. 27).
1924	Steigerung der Vortragstätigkeit. Daneben zahlreiche Fachkurse. Letzte Vortragsreise in Europa. Am 28. September letzte Ansprache zu den Mitgliedern. Beginn des Krankenlagers.
1925	Am 30. März stirbt Rudolf Steiner in Dornach.

RUDOLF STEINER GESAMTAUSGABE

Überblick über das literarische und künstlerische Werk

Erste Abteilung: Die Schriften

I. Werke

Goethes Naturwissenschaftliche Schriften, eingeleitet und kommentiert von R. Steiner, 5. Bände (Bibl.-Nr. 1 a–e); separate Ausgabe der Einleitungen (Bibl.-Nr. 1)
Grundlinien einer Erkenntnistheorie der Goetheschen Weltanschauung (Bibl.-Nr. 2)
Wahrheit und Wissenschaft. Vorspiel einer «Philosophie der Freiheit» (Bibl.-Nr. 3)
Die Philosophie der Freiheit (Bibl.-Nr. 4)
Friedrich Nietzsche, ein Kämpfer gegen seine Zeit (Bibl.-Nr. 5)
Goethes Weltanschauung (Bibl.-Nr. 6)
Die Mystik im Aufgange des neuzeitlichen Geisteslebens und ihr Verhältnis zur modernen Weltanschauung (Bibl.-Nr. 7)
Das Christentum als mystische Tatsache und die Mysterien des Altertums (Bibl.-Nr. 8)
Theosophie. Einführung in übersinnliche Welterkenntnis und Menschenbestimmung (Bibl.-Nr. 9)
Wie erlangt man Erkenntnisse der höheren Welten? (Bibl.-Nr. 10)
Aus der Akasha-Chronik (Bibl.-Nr. 11)
Die Stufen der höheren Erkenntnis (Bibl.-Nr. 12)
Die Geheimwissenschaft im Umriß (Bibl.-Nr. 13)
Vier Mysteriendramen: Die Pforte der Einweihung – Die Prüfung der Seele – Der Hüter der Schwelle – Der Seelen Erwachen (Bibl.-Nr. 14)
Die geistige Führung des Menschen und der Menschheit (Bibl.-Nr. 15)
Anthroposophischer Seelenkalender (in Bibl.-Nr. 40)
Ein Weg zur Selbsterkenntnis des Menschen (Bibl.-Nr. 16)
Die Schwelle der geistigen Welt (Bibl.-Nr. 17)
Die Rätsel der Philosophie in ihrer Geschichte als Umriß dargestellt (Bibl.-Nr. 18)
Vom Menschenrätsel (Bibl.-Nr. 20)
Von Seelenrätseln (Bibl.-Nr. 21)
Goethes Geistesart in ihrer Offenbarung durch seinen «Faust» und durch das «Märchen von der Schlange und der Lilie» (Bibl.-Nr. 22)
Die Kernpunkte der sozialen Frage in den Lebensnotwendigkeiten der Gegenwart und Zukunft (Bibl.-Nr. 23)
Aufsätze über die Dreigliederung des sozialen Organismus und zur Zeitlage 1915–1921 (Bibl.-Nr. 24)
Kosmologie, Religion und Philosophie (Bibl.-Nr. 25)

Anthroposophische Leitsätze (Bibl.-Nr. 26)

Grundlegendes für eine Erweiterung der Heilkunst nach geisteswissenschaftlichen Erkenntnissen. Von Dr. Rudolf Steiner und Dr. Ita Wegman (Bibl.-Nr. 27)

Mein Lebensgang (Bibl.-Nr. 28)

II. Gesammelte Aufsätze

Gesammelte Aufsätze zur Dramaturgie 1889–1900 (Bibl.-Nr. 29)

Methodische Grundlagen der Anthroposophie. Gesammelte Aufsätze zur Philosophie, Naturwissenschaft, Ästhetik und Seelenkunde 1884–1901 (Bibl.-Nr. 30)

Gesammelte Aufsätze zur Kultur- und Zeitgeschichte 1887–1901 (Bibl.-Nr. 31)

Gesammelte Aufsätze zur Literatur 1886–1902 (Bibl.-Nr. 32)

Biographien und biographische Skizzen 1894–1905 (Bibl.-Nr. 33)

Luzifer-Gnosis. Grundlegende Aufsätze zur Anthroposophie und Berichte aus der Zeitschrift «Luzifer» und «Lucifer-Gnosis» 1903–1908 (Bibl.-Nr. 34)

Philosophie und Anthroposophie. Gesammelte Aufsätze 1904–1918 (Bibl.-Nr. 35)

Der Goetheanumgedanke inmitten der Kulturkrisis der Gegenwart. Gesammelte Aufsätze aus der Wochenschrift «Das Goetheanum» 1921–1925 (Bibl.-Nr. 36)

III. Veröffentlichungen aus dem Nachlaß

Briefe – Wahrspruchworte – Bühnenbearbeitungen – Entwürfe zu den Vier Mysteriendramen 1910–1913 – Anthroposophie. Ein Fragment aus dem Jahre 1910 – Gesammelte Skizzen und Fragmente – Aus Notizbüchern und -blättern (Bibl.-Nrn. 38–47)

Zweite Abteilung: Das Vortragswerk

I. Öffentliche Vorträge

Die Berliner öffentlichen Vortragsreihen («Architektenhaus-Vorträge») 1903/04 bis 1917/18 (Bibl.-Nrn. 51–67)

Öffentliche Vorträge, Vortragsreihen und Hochschulkurse an anderen Orten Europas 1906–1924 (Bibl.-Nrn. 68–84)

II. Vorträge vor Mitgliedern der Anthroposophischen Gesellschaft

Vorträge und Vortragszyklen allgemein-anthroposophischen Inhalts – Evangelien-Betrachtungen – Christologie – Geisteswissenschaftliche Menschenkunde – Kosmische und menschliche Geschichte – Die geistigen Hintergründe der sozialen Frage – Der Mensch in seinem Zusammenhang mit dem Kosmos – Karma-Betrachtungen (Bibl.-Nrn. 91–244)

Vorträge und Schriften zur Geschichte der anthroposophischen Bewegung und der Anthroposophischen Gesellschaft (Bibl.-Nrn. 251–263)

III. Vorträge und Kurse zu einzelnen Lebensgebieten

Vorträge über Kunst: Allgemein-Künstlerisches – Eurythmie – Sprachgestaltung und Dramatische Kunst – Musik – Bildende Künste – Kunstgeschichte (Bibl.-Nrn. 271–292)

Vorträge über Erziehung (Bibl.-Nrn. 293–311)

Vorträge über Medizin (Bibl.-Nrn. 312–319)

Vorträge über Naturwissenschaft (Bibl.-Nrn. 320–327)

Vorträge über das soziale Leben und die Dreigliederung des sozialen Organismus (Bibl.-Nrn. 328–341)

Vorträge für die Arbeiter am Goetheanumbau (Bibl.-Nrn. 347–354)

Dritte Abteilung: Das künstlerische Werk

Reproduktionen und Veröffentlichungen aus dem künstlerischen Nachlaß

Originalgetreue Wiedergaben von malerischen und graphischen Entwürfen und Skizzen Rudolf Steiners in Kunstmappen oder als Einzelblätter: Entwürfe für die Malerei des Ersten Goetheanum – Schulungsskizzen für Maler – Programmbilder für Eurythmie-Aufführungen – Eurythmieformen – Entwürfe zu den Eurythmiefiguren, u. a.

Die Bände der Rudolf Steiner Gesamtausgabe sind innerhalb einzelner Gruppen einheitlich ausgestattet. Jeder Band ist einzeln erhältlich. Ausführliche Verzeichnisse können beim Verlag angefordert werden.